Emotionale Abhängigkeit

Loslassen lernen

Entwickeln Sie Selbstakzeptanz und Selbstliebe für ein unbeschwertes und glückliches Leben frei von emotionaler Erpressung und Missbrauch

Original Erstausgabe März 2021

1. Auflage

Bibliografische Information der Deutschen Nationalbibliothek

Die Deutsche Nationalbibliothek verzeichnet diese Publikation in der Deutschen Nationalbibliografie, detaillierte bibliografische Daten sind im Internet unter https://portal.dnb.de abrufbar.

Druck/Auslieferung: Amazon oder Tochtergesellschaft
Independently published

Inhaltsverzeichnis

Vorwort: Was ist „Emotionale Abhängigkeit“?

Emotionale Abhängigkeit ist eine Abhängigkeitsform, bei der eine Person mit geringem Selbstwert ständig Sicherheit bei anderen Menschen oder in äußeren Faktoren sucht, ohne auf seine eigenen inneren Kriterien und Ressourcen zu vertrauen.

Emotionale Abhängigkeit beginnt, wenn ein Kind nicht angemessen von den Menschen geliebt wird, die ihm am meisten bedeuten, wie Eltern, Geschwister oder andere nahestehende Personen. Dieser Mangel an Liebe erzeugt ein geringes Selbstwertgefühl, ein Problem, das sich in der Adoleszenz tendenziell verstärkt. Als Erwachsener stellt der emotional Abhängige Situationen nach, in denen er eine unterwürfige Rolle spielt und immer versucht, anderen zu gefallen, um die Beziehungsbindungen um jeden Preis aufrechtzuerhalten und so das erschreckende Szenario der Ablehnung zu vermeiden.

Der Mangel an Selbstwertgefühl von Kindheit an ist die Hauptursache für emotionale Abhängigkeit. Es ist oftmals das Ergebnis einer emotionalen Erpressung, durch die dem Kind beigebracht wird, dass es nur geliebt wird, wenn es die Erwartungen seiner Eltern oder anderer bedeutender Menschen erfüllt. Jede Anstrengung, sich selbst zu bestätigen oder seine Individualität zu zeigen, wird getadelt oder bestraft. Das

Kind lernt schnell, keinen Konflikt zu erzeugen oder seine Eltern nicht zu belästigen, wenn es Zuneigung bekommen will.

Fehler bei der Konstruktion des Selbstwertgefühls

Schuldgefühle zu provozieren ist eine Möglichkeit, das Kind zu manipulieren, damit es die „richtige" Einstellung hat. Das Selbstwertgefühl des Kindes und seine Fähigkeit, allein zu sein, wird durch die Reflexion oder den Spiegel des Vertrauens, das seine Eltern in ihn setzen, aufgebaut.

Episoden von Leidenschaft, Gleichgültigkeit, Missbrauch und Manipulation sind Ausdruck gestörter oder sogar pathologischer psychologischer Muster.

Als Menschen neigen wir dazu, das zu suchen und zu reproduzieren, was uns vertraut ist, was wir seit unserer frühesten Kindheit gesehen haben. Das sind in der Kindheit erlernte Verhaltensmuster, die einen tiefen Eindruck bei jedem Menschen hinterlassen.

Es ist ein großer Fehler, Liebe mit Abhängigkeit und toxischen Beziehungen zu verwechseln. Das kann vor allem dann passieren, wenn das Selbstwertgefühl einer Person niedrig ist und sie nach Akzeptanz und Liebe von anderen sucht, auch wenn das bedeutet, ihre eigene Würde zu kompromittieren.

Emotional abhängige Menschen akzeptieren Verachtung und Missbrauch und bewerten es als etwas Normales; sie fühlen sich eher zu Menschen hingezogen, die sehr selbstsicher zu sein scheinen und eine dominante Persönlichkeit haben. Leider kennen die emotional Abhängigen keine echte Liebe zwischen zwei Menschen, die sich gegenseitig respektieren und Zuneigung austauschen; sie haben Schwierigkeiten, die Zügel ihres eigenen Lebens in die Hand zu nehmen und hoffen, eines Tages von dieser einen besonderen Person „gefunden" zu werden, die sie glücklich macht und ihre Einsamkeit und Existenzangst beendet.

Einige Verhaltensweisen sind klare Indikatoren für ungesunde Beziehungen und können allmählich in eine gefährliche Abhängigkeit übergehen, wie zum Beispiel:

- Besessenheit.
- Manipulation.
- Mangel an Respekt.
- Eifersucht.
- Unsicherheit.
- Missbrauch.

Dies sind Symptome einer Angst, nicht geliebt und nicht so akzeptiert zu werden, wie wir sind. Das ist der Grund, warum Menschen oftmals in Situationen von Dominanz und Unterwerfung geraten – sie versuchen, eine scheinbare Stabilität mit einer falschen Zuneigung und Aufmerksamkeit zu gewährleisten, die sich in eine Abhängigkeit, eine Art „Droge", verwandeln kann.

Das Geheimnis besteht darin, eine Beziehung aufzubauen, indem wir unser bestes Selbst entwickeln und uns Menschen aussuchen, die zu uns passen und die ebenfalls versuchen, das Beste aus sich selbst herauszuholen in Form von Respekt, aufrichtiger Wertschätzung, Aufmerksamkeit, Verständnis, Akzeptanz und wahrer Zuneigung.

Zu wissen, wie wir uns selbst lieben und wertschätzen können, ist eine gesunde Basis, um auch andere Menschen lieben und wertschätzen zu können und die Suche nach einem gesunden und liebevollen Partner zu beginnen.

Einige Symptome der emotionalen Abhängigkeit:

- Ständiges und zwanghaftes Bedürfnis, anderen Menschen nahe zu sein.
- Ständige Unsicherheit über die Zukunft.
- Das Gefühl, nicht gut genug zu sein, um mit der anderen Person zusammen zu sein.
- Zwanghafte Angst, dass die Liebesbeziehung zerbricht.
- Ständige Schuldgefühle, wenn man seinem Partner nicht die volle Aufmerksamkeit schenkt.
- Akzeptanz von psychischem und physischem Leiden, aus Angst, den Partner zu verlieren.
- Ein konstantes und dominantes Gefühl der Angst.

Kapitel 1
Emotionale Abhängigkeit - Die Definition

Liebe kann berauschend sein, besonders am Anfang einer Beziehung. Alles, was Sie mit Ihrem Partner erleben, fühlt sich so neu und überwältigend an und Sie haben das Gefühl, dass nichts schiefgehen kann.

Die Wahrheit ist aber, dass leider doch einige Dinge schief gehen können, einschließlich der Tatsache, dass Sie von Ihrem Partner emotional abhängig werden könnten.

Emotionale Abhängigkeit liegt vor, wenn eine Person zulässt, dass andere (zum Beispiel der Partner) ihre Gefühle und Emotionen beeinflussen und sie gewissermaßen abhängig von ihnen ist, um glücklich zu sein. Das bedeutet, dass eine Person die vollständige Kontrolle über ihre eigenen Gefühle an andere abgibt. Dies ist ungesund und kann sich negativ auf das Selbstwertgefühl auswirken, welches schließlich von der Aufmerksamkeit und Zuneigung anderer abhängig ist. Dies unterscheidet sich von einer ausgewogenen Beziehung, in der zwei Menschen gleichermaßen und auch nur geringfügig voneinander abhängig sind. Es sollte in dieser Hinsicht immer ein Gleichgewicht innerhalb der Beziehung vorhanden sein, welches es beiden Seiten erlaubt, sowohl unabhängige Individuen zu sein, als auch in geringem Maße abhängig voneinander zu sein.

In vielen Beziehungen, besonders in Partnerbeziehungen, leidet eine Person unter emotionaler Abhängigkeit. Die Beziehung, die weit davon entfernt ist, eine Form der Unterstützung zu sein, wird zu einem Hindernis für die persönliche Entwicklung und sogar für die psychische Gesundheit der beiden Partner.

Wenn Sie in Ihrer Beziehung nicht glücklich sind, könnte es möglicherweise daran liegen, dass Sie in einer Position der Abhängigkeit leben. Deshalb werde ich Ihnen einige Anzeichen beschreiben, die auf eine emotionale Abhängigkeit von Ihrem Partner hinweisen können.

1. In erster Linie, wenn Ihre Beziehung Ihnen Leiden zufügt (wie Traurigkeit oder Angst) und Sie sich trotzdem unfähig fühlen, den Weg zu ändern und Ihren Partner zu verlassen, ist es sehr wahrscheinlich, dass Sie unter einem gewissen Grad an emotionaler Abhängigkeit leiden. Beziehungen sind kompliziert und erfordern Arbeit, aber niemals Leiden.
2. Eines der konkretesten Anzeichen für eine emotionale Abhängigkeit ist, dass Sie keine eigenen Aktivitäten außerhalb der Beziehung haben. Sei es ein Hobby, ein Studium, eine Karriere, Freunde usw. Wenn alles, was Sie tun, mit Ihrem Partner zusammenhängt, befinden

Sie sich möglicherweise in einer emotional abhängigen Beziehung.

3. Ein weiteres Merkmal für eine Abhängigkeit von Ihrem Partner ist die Unfähigkeit, allein zu sein. Vielleicht haben Sie sich so sehr daran gewöhnt, all Ihre Zeit mit Ihrem Partner zu teilen, so dass Sie nicht mehr wissen, was Sie tun sollen, wenn Sie allein sind.
4. Sie glauben, dass Sie ohne Ihren Partner nicht leben könnten oder dass Ihr Leben ohne ihn keinen Sinn hätte, weil dieser Ihre „ganze Welt" ist. Diese Vorstellungen sind charakteristisch für eine abhängige Beziehung.
5. Eifersucht ist oft ein weiterer Indikator für eine abhängige Beziehung, da sie mit Unsicherheit und einem Mangel an Kommunikation zusammenhängt.

Emotionale Abhängigkeit kann viele Ursachen haben. In manchen Fällen kann es daran liegen, dass wir nicht gelernt haben, das dem Leben innewohnende Leid zu ertragen und deshalb nicht in der Lage sind, Partner, die uns verletzen, zu verlassen, weil wir Angst vor Veränderungen oder vor dem Alleinsein haben. In extremen Fällen kann es sein, dass wir nicht in der Lage sind, uns zu trennen, selbst wenn wir unter Misshandlung oder Missbrauch leiden.

Oftmals sind wir aufgrund von Problemen mit dem Selbstwertgefühl von unseren Partnern abhängig, damit sie uns ein gutes Gefühl geben, uns bewundern oder uns die Sicherheit geben, die wir in uns selbst nicht finden.

Kapitel 2
Arten der emotionalen Abhängigkeit

Emotionale Abhängigkeit ist ein komplexer Zustand. Im Allgemeinen gehorcht sie keiner bestimmten Regel. In vielen Fällen ist sie auch nicht einmal eine bewusste Realität. Im Gegenteil, die Person, die unter emotionaler Abhängigkeit leidet, denkt, dass die Probleme, die sich aus ihrer Abhängigkeit ergeben, einen anderen, oft äußeren Ursprung haben.

Hinter der Abhängigkeit steckt meist eine extreme Angst. Es gibt auch viele Fantasien über die eigenen Fähigkeiten oder den eigenen Platz in der Welt. Man fühlt, ohne Beweise dafür zu haben, dass man in großer Gefahr wäre, wenn man bestimmte Bindungen brechen würde.

Diese Art der Abhängigkeit ist ähnlich wie bei einem Süchtigen. Als solche bringt sie auch ein Abstinenzsyndrom mit sich. Episoden von Angst und Depression treten auf, wenn aus irgendeinem Grund die Bindung zerbricht oder kurzzeitig schwächer wird. Das Dasein selbst kann sich ohne diese Bindung unerträglich anfühlen. Wer darunter leidet, leidet zweifelsohne sehr. Drei grundlegende Arten der emotionalen Abhängigkeit können diskutiert werden:

Emotionale Abhängigkeit in der Familie

Dies ist eine der am schwierigsten zu überwindenden Formen der emotionalen Abhängigkeit. Sie entspricht meist Familienstrukturen, in denen die Eltern unter starken Angstzuständen leiden und diese an ihre Kinder weitergeben. Letztere werden mit übermäßiger Angst vor der Welt erzogen. Alles, was von außen kommt, wird als Bedrohung und die Familie als Schutzraum gesehen.

Diejenigen, die unter dieser Art von Abhängigkeit leiden, überschätzen den Schutz, den die Familie bietet. Zwar gibt es oft liebevolle Bindungen und große Gesten der Solidarität, aber es gibt eben auch negative Züge, darunter die immer wiederkehrende Vorstellung, dass es außerhalb des Hauses oder der Familie große Risiken gibt.

In dieser Art von Familien wird das Selbstvertrauen nicht gefördert. Im Gegenteil, unterm Strich steht der Glaube, dass die Person unfähig sein wird, sich großen Herausforderungen zu stellen. Auf diese Weise wird die Familie zu einer Art Blase, die beschützt, aber auch einkerkert. Dies ist der falsche Weg, mit Angst umzugehen. Es ist auch eine vage Antwort auf das Bedürfnis, zu wachsen und autonom zu sein.

Emotionale Abhängigkeit in der Beziehung

Diese Art der Abhängigkeit ist eine der häufigsten und gleichzeitig eine der schädlichsten. Es besteht der

Irrglaube, bei dem man annimmt, dass die Beziehung dem eigenen Leben einen Sinn gibt oder es vor schrecklicher Einsamkeit schützt. Die Beziehung wird gewissermaßen zum Sinn des Lebens erklärt.

Diese Art der Abhängigkeit ist typisch für Menschen, die große Unsicherheiten in sich tragen. Sie sind sich nicht darüber im Klaren, wozu sie fähig sind und wozu nicht. Sie nehmen von sich selbst an, dass sie hilflos wären. Deshalb brauchen sie Unterstützung und diese Art von Unterstützung erhalten sie von ihrem Partner. Die Beziehung an sich wird zu einer Art Schutzschild gegen Leiden oder Angst. Dadurch entwickelt sich eine starke und übertriebene Bindung.

Obwohl diese Art der Abhängigkeit eine Zeit lang funktionieren kann, lautet die Wahrheit, dass sie früher oder später großes Leid verursachen wird. Die abhängige Person hat so viel Angst, ihren Partner zu verlieren, dass sie sehr schädliches Verhalten entwickeln kann, einschließlich übermäßiger Eifersucht oder unbegrenzter Unterwerfung. So verschlechtert die Abhängigkeit die Beziehung eher, als dass sie sie stärker macht.

Emotionale Abhängigkeit vom sozialen Umfeld

Der charakteristischste Aspekt dieses Zustandes ist ein übermäßiges Bedürfnis, in jeder sozialen Umgebung anerkannt und bestätigt zu werden. Wenn es nicht genügend Zeichen echter Wertschätzung und Akzeptanz gibt, gerät die betroffene Person in Panik.

Darüber hinaus tut sie alles, was notwendig ist, um diese scheinbare psychologische Kompensation zu erreichen. Abgelehnt zu werden ist aus ihrer Sicht das Schlimmste, was passieren kann.

Um Anerkennung zu erhalten, kann man unterwürfig oder unsichtbar werden. Im ersten Fall fühlt sich die abhängige Person gezwungen, anderen zu gefallen und überanstrengt sich dabei sogar. Sie tut alles mögliche, um nicht mit Ablehnung oder Ärger konfrontiert zu werden. Im zweiten Fall gibt die Person sogar ihre Überzeugungen auf, um Spannungen in der Umgebung abzubauen. In beiden Fällen ist die Situation völlig schädlich.

Im Falle der Familienabhängigkeit, der Beziehungsabhängigkeit und der Abhängigkeit vom sozialen Umfeld liegt jeweils ein geringes Selbstwertgefühl zugrunde. Vor allem fehlt das Bewusstsein dafür, was man selbst zu leisten imstande ist. Es geht von der Vorstellung aus, dass man selbst wenig Wert hat und nicht in der Lage ist, ohne andere Menschen durchs Leben zu kommen.

All diese falschen Überzeugungen äußern sich in Angst und Furcht. Und wie bei allen ungerechtfertigten Ängsten, die wir hegen, ist der beste Weg, sie zu überwinden, sich ihnen zu stellen. Vielleicht müssen Sie nur den ersten Schritt machen. Wagen Sie es, allein zu gehen. Riskieren Sie es, aus Ihrer Komfortzone herauszukommen. Selbstvertrauen wird nicht über Nacht aufgebaut, aber eines ist sicher: Wenn Sie Ihr

Selbstvertrauen abseits Ihrer „Abhängigkeiten" aufbauen, wird es deutlich solider sein.

Unterschiede zwischen emotionaler Abhängigkeit und tatsächlicher Verliebtheit

1. Sie sind tatsächlich glücklich, wenn Sie Zeit miteinander verbringen. Das scheint offensichtlich. Aber wenn man wirklich in eine Person verliebt ist, dann ist man gerne mit ihr zusammen. Wenn Sie emotional von Ihrem Partner abhängig sind, genießen Sie die meiste gemeinsame Zeit nicht wirklich, haben aber trotzdem das Gefühl, dass Sie durchhalten sollten, weil Sie denken, dass Sie „für diese Person bestimmt" sind.
2. Wenn Sie wirklich in jemanden verliebt sind, können Sie es ebenfalls lieben, Zeit alleine zu verbringen und dies als einen gesunden Teil Ihrer Beziehung sehen. Wenn Sie emotional abhängig sind, ist es beängstigend, Zeit allein zu verbringen und Sie versuchen, dies um jeden Preis zu vermeiden.
3. Was Sie befürchten, wenn Sie daran denken, jemanden zu verlieren, kann Ihnen viel darüber verraten, was Sie wirklich für ihn empfinden. Wenn das, was am meisten an einer möglichen Trennung schmerzt, die Vorstellung ist, dass Sie „neu anfangen" oder alleine schlafen oder finanziell auf sich allein gestellt sein müssten, im Gegensatz zu der Tatsache, jemanden zu verlieren, den Sie lieben, sind Sie

wahrscheinlich abhängiger von ihm, als Sie denken.

4. Wenn Sie wirklich verliebt sind, dann lassen Sie sich mehr auf das Leben ein, anstatt sich aus ihm zurückzuziehen, nur weil Sie in einer Beziehung sind. Liebe öffnet Sie. Abhängigkeit (Angst) verschließt Sie und führt dazu, dass Sie sich mit Ihrem Partner mehr und mehr isolieren.
5. In einer gesunden Liebe haben Sie keine tiefe Angst, die Zustimmung Ihres Partners zu verlieren. Sie müssen Ihre Meinung nicht relativieren. Sie können frei sprechen und Sie trauen sich, Ihr wahres Ich zu zeigen. Sogar Ihr Partner ermutigt Sie dazu, einfach Sie selbst zu sein.
6. Ihr Partner spielt keine Psychospielchen mit Ihnen. Er weigert sich nicht, sich zu binden und verletzt Sie nicht ständig. Ihre Beziehung ist gesund. Der offensichtlichste Unterschied zwischen Liebe und Abhängigkeit ist einfach die Qualität Ihrer Beziehung: Ihr Partner behandelt Sie mit all der Liebe und dem Respekt, den Sie ihm im Gegenzug geben.
7. Sie fühlen sich nie unter Druck gesetzt, etwas zu tun, was Ihr Partner will und Sie nicht. Egal, ob es sich um sexuelle, soziale oder andere Dinge handelt, Sie haben niemals das Gefühl, dass Sie so tun müssen, als ob Sie etwas wollen, was Sie in Wirklichkeit jedoch nicht wollen, nur um in der Gunst Ihres Partners zu bleiben. Ihr

Wohlbefinden ist für ihn letztendlich wichtiger als seine vorübergehenden Wünsche.

8. Sie haben Ihre Beziehung aus einem Ort der Liebe heraus begonnen, nicht aus einem Ort der Verzweiflung. Sie sind zusammengekommen, weil Sie sich verliebt haben und nicht aus dem Grund, weil Sie alleine emotional kaum funktionieren können.
9. Ihre Beziehung bringt Ihnen mehr Frieden, Trost und Glückseligkeit, als sie jemals Angst, Eifersucht oder Sorgen macht. Es ist völlig normal, hin und wieder eifersüchtig zu sein oder sich Sorgen zu machen, dass etwas schiefgehen könnte, aber in einer liebevollen Beziehung überwiegt das Positive exponentiell. Wenn Sie in einer emotional abhängigen Beziehung sind, leiden Sie sehr stark unter Verlustangst.
10. Sie lieben Ihren Partner für das, was er ist und nicht dafür, wie sehr er Sie liebt. Der Grund, weshalb Sie so viel Zeit mit ihm verbringen wollen, ist wegen seiner Persönlichkeitsmerkmale, wie etwa seiner Freundlichkeit oder seinem Humor oder weil er Sie zum Nachdenken bringt oder Sie sich in seiner Gegenwart schlichtweg wohlfühlen.

Das soziale Umfeld

Wir Menschen sind soziale Wesen. Wir brauchen andere Menschen um uns herum; das ist unbestritten. Aber wie sehr brauchen wir sie? Wo ist die Grenze, die eine gesunde Verbindung von einer emotionalen Abhängigkeit unterscheidet?

Der Kontakt mit unseren Mitmenschen ist für unsere Entwicklung notwendig. Kinder brauchen jemanden, der sich um sie kümmert, jemanden, der ihnen nicht nur das Essen auf den Tisch stellt, sondern ihnen auch menschliche Wärme und Zuneigung bietet. Um ein erfülltes Leben zu haben, ist es für uns notwendig, einen gewissen sozialen Kreis zu haben: Verwandte, Freunde, einen Partner. Einige Menschen brauchen dabei ein großes soziales Umfeld, während andere wiederum mit wenigen Kontakten bestens auskommen.

Kapitel 3
Wie erkennen Sie, ob Sie unter emotionaler Abhängigkeit leiden?

Wenn wir zulassen, dass unser Glück zu sehr von einer anderen Person abhängt, kann das gefährliche Folgen für unseren Seelenfrieden und unser Wohlbefinden und nicht zuletzt auch für unsere Zukunft haben. Emotionale Abhängigkeit ist eine echte Herausforderung und eine echte Schwierigkeit, die es zu überwinden gilt. Es erfordert viel Mut, die Stärke aufzubringen, die uns dabei hilft, unsere Abhängigkeit von anderen Menschen in Schach zu halten, aber es ist notwendig, damit wir unser wahres Potenzial erreichen können.

Ein gewisses Maß an emotionaler Abhängigkeit von unseren Partnern ist normal, aber wenn unser Glück von ihnen abhängt, wird es unausgewogen und ungesund. Es ist wichtig, dass unsere Partner uns Unterstützung bieten, wenn wir sie brauchen. Aber alles, was darüber hinausgeht, kann lähmend sein.

Zu lernen, wie man auf eigenen Füßen steht, kann schmerzhaft sein. Man muss sich einigen unbequemen Wahrheiten und Traumata stellen, die man vielleicht lieber begraben würde. Unser Selbst zu finden und die Kraft zu entdecken, auf eigenen Füßen zu stehen, ist jedoch eine wunderschöne Sache und etwas, das notwendig ist, um unseren Weg zum wahren Glück zu finden.

Oft verwechseln wir unsere Gefühle der Besessenheit oder Abhängigkeit mit Gefühlen der Liebe oder Anziehung. Es ist leicht, sich in diesen Gefühlen zu verlieren und, wenn man sie nicht richtig erkennt, dabei seine Authentizität zu verlieren.

Abhängigkeit ist keine Liebe und kann es nie sein

Diese Vorstellung beginnt in der Kindheit, wenn wir von den Menschen, die uns am meisten bedeuten, nicht angemessen geliebt werden und sie setzt sich im Laufe der Zeit fort, wenn wir von einer lieblosen Beziehung zur nächsten springen. Wenn wir diese Liebe als Kind verpassen, suchen wir als Erwachsene ständig danach; die Sehnsucht geht nie weg, sie wird nur stärker.

Unter solch einem Mangel an Liebe zu leiden, führt zu einem geringen Selbstwertgefühl. Diese Unfähigkeit, uns selbst wertzuschätzen und zu vertrauen, schafft einen negativen Kreislauf von Bedürfnissen, der die Störungen nähren kann, die uns dazu veranlassen, ständig Sicherheit bei anderen zu suchen. Es ist das Ergebnis einer emotionalen Erpressung, die uns lehrt, dass wir unmögliche und sogar beklagenswerte Erwartungen erfüllen müssen, um einen Wert zu haben. Immer und immer wieder begeben wir uns in eine unterwürfige Rolle, in der Hoffnung, den jahrelangen Schaden zu verringern.

Es ist jedoch nicht möglich, von jemand anderem geheilt zu werden. Sie müssen das zerbrochene Kind, das in Ihnen lebt, selbst heilen.

Das beginnt damit, dass Sie erkennen, wann Sie ein Problem mit emotionaler Abhängigkeit haben und es endet damit, dass Sie die notwendigen Schritte unternehmen, um diese Abhängigkeit zu korrigieren und Ihr Selbstvertrauen zu stärken.

Erkennen Sie das Problem

Emotional abhängige Menschen sind nicht nur von einem geringen Selbstwertgefühl geplagt, sie haben auch ein zwanghaftes Bedürfnis, anderen Menschen nahe zu sein und an ihnen zu hängen. Dieses geringe Selbstwertgefühl führt auch zu Unsicherheit über die Zukunft und zu einer zwanghaften Angst, den Partner zu verlieren.

Abhängige Menschen haben eine fast irrsinnige Angst, nicht gut genug zu sein, die von ihren tief verwurzelten Kindheitstraumata und Enttäuschungen herrührt. Sie haben ein ständiges Gefühl der Angst, das es ihnen schwer macht, die psychischen und physischen Leiden zu akzeptieren, die mit Liebe und Verlust einhergehen.

In der richtigen Umgebung kann eine abhängige Person bis zu einem gewissen Grad liebevoll und mitfühlend sein, aber sobald diese Angst ausgelöst wird, verwandelt sie sich gewissermaßen in eine völlig andere Person.

In diesem ständigen Zustand des Wandels und der Angst zu leben, ist destruktiv für das, was wir im Kern sind. Aber das zu erkennen, erfordert Geduld. Das Geheimnis des Aufbaus von Beziehungen, die Bestand haben, besteht nicht darin, die Verletzungen der Vergangenheit zu verhindern, sondern unser bestes Ich für die Zukunft zu entwickeln. Aber das zu erkennen, ist schwierig.

Die Gefahren der emotionalen Abhängigkeit

Diejenigen von uns, deren Eltern und Großeltern aus dem vergangenen und dem Babyboomer-Zeitalter stammen, kennen die Gefahren der emotionalen Abhängigkeit aus erster Hand.

Unsere Mütter und Großmütter kamen aus einer Zeit, in der Abhängigkeit das einzige Mittel zum Überleben für Frauen war. Sie wurden darauf trainiert, ihr ganzes Glück auf den Erfolg und das Glück der Menschen um sie herum zu gründen, anstatt auf sich selbst und das führte später zu einer ganzen Reihe von Problemen, als sie erkannten, dass auch ihr eigenes Leben einen Wert hatte.

Emotionale Abhängigkeit ist gefährlich. Und sie ist noch gefährlicher, wenn wir sie nicht rechtzeitig erkennen, um ihre schändlichen Muster zu verhindern.

Für unser Glück von anderen abhängig zu sein, bedeutet, eine Burg auf wankendem Sand zu bauen.

Ein Verlust des Selbstwertgefühls

Wenn wir emotional zu abhängig von unserem Partner werden, laufen wir Gefahr, die Person, die wir lieben, zu verlieren, indem wir uns selbst verlieren. Unsere Unsicherheiten verdichten sich und fressen unser Selbstvertrauen und unsere Beziehungen auf, während wir den Kontakt zu der Person verlieren, die wir waren, als die Beziehung begann.

Isolation und Verlust von sozialen Fähigkeiten

Wenn wir uns in solchen toxischen, alles verzehrenden Beziehungen befinden, kann das dazu führen, dass wir uns isolieren und den Kontakt zu unseren Freunden verlieren. Wenn wir unsere Verbindung zur Außenwelt abschneiden, verlieren wir schnell die sozialen Fähigkeiten, die für unser langfristiges Glück von unschätzbarem Wert sind.

Das Gefühl, gefangen und ohne Kraft zu sein, führt dazu, dass wir uns nach und nach immer mehr von den Dingen und Menschen isolieren, die unser Leben mit Freude erfüllen. Es ermutigt uns auch, uns nach innen zu wenden, unseren inneren Kritiker zu schüren und unser Selbstvertrauen mit der Zeit zu zerstören.

Physischer und psychischer Missbrauch

Wenn wir uns mit Partnern isolieren, auf die wir uns in Bezug auf alles verlassen, von unserem Glück bis zu unserem Lebensunterhalt, verstärkt das die Gefahren und die Möglichkeit von physischem und psychischem Missbrauch in einer Beziehung.

Irgendwann kann ein Partner die Abhängigkeit des anderen Partners als Zeichen der Schwäche missverstehen. Diese Situation kann dazu führen, dass ein Ungleichgewicht der Macht innerhalb der Beziehung entsteht und ein Partner die dominante Rolle übernimmt. Je länger die Isolation andauert, desto unheimlicher kann diese dominante Rolle werden, bis ein oder beide Ehepartner sich in einer besonders gefährlichen und destruktiven Situation befinden.

Es ist nicht ungewöhnlich, dass es in Beziehungen, in denen die emotionale Abhängigkeit hoch ist, zu ernsthaftem Missbrauch kommt. Wenn eine Person das Gefühl hat, dass jemand völlig von ihr abhängig ist, um glücklich zu sein, fällt es ihr leichter, sich durch Druckausübung, Lügen, Feindseligkeit oder sogar Verachtung auszuleben.

Zerstörung des Wohlbefindens

Abhängige Menschen leiden oft unter "dysphorischen Stimmungen" oder plötzlichen Stimmungsschwankungen, die sie unberechenbar machen. Sie können auch unter einem erniedrigten mentalen Zustand leiden und haben oft mit Depressionen, Stress, Angstzuständen und schweren Schuldgefühlen, Leere und Einsamkeit zu kämpfen (trotz ihres Beziehungsstatus).

Kapitel 4
Abhängige Persönlichkeitsstörung

Die abhängige Persönlichkeitsstörung ist eine der am häufigsten diagnostizierten Persönlichkeitsstörungen. Sie tritt bei Männern und Frauen gleichermaßen auf und zeigt sich meist im jungen Erwachsenenalter oder später, wenn sich wichtige Beziehungen im Erwachsenenalter bilden.

Was sind die Symptome einer abhängigen Persönlichkeitsstörung?

Menschen mit einer abhängigen Persönlichkeitsstörung werden emotional übermäßig abhängig von anderen Menschen und geben sich große Mühe, anderen zu gefallen. Menschen mit einer abhängigen Persönlichkeitsstörung neigen zu einem bedürftigen, passiven und anhänglichen Verhalten und haben Angst vor Trennung. Andere häufige Merkmale dieser Persönlichkeitsstörung sind:

- Unfähigkeit, Entscheidungen zu treffen, selbst alltägliche Entscheidungen, wie beispielsweise was man anziehen soll.
- Vermeidung von Verantwortung als Erwachsener, indem man sich passiv und hilflos verhält; Abhängigkeit von einem Ehepartner oder Freund, um Entscheidungen zu treffen,

zum Beispiel wo man arbeiten und wohnen möchte.

- Intensive Angst vor dem Verlassenwerden und ein Gefühl der Verwüstung oder Hilflosigkeit, wenn Beziehungen enden; eine Person mit einer abhängigen Persönlichkeitsstörung geht oft direkt in eine neue Beziehung, wenn eine endet.
- Überempfindlichkeit gegenüber Kritik.
- Pessimismus und mangelndes Selbstvertrauen, einschließlich der Überzeugung, dass sie nicht für sich selbst sorgen können.
- Vermeidung von Meinungsverschiedenheiten bzw. Streit mit anderen aus Angst, Unterstützung oder Zustimmung zu verlieren.
- Unfähigkeit, Projekte oder Aufgaben zu beginnen, weil es an Selbstvertrauen mangelt.
- Schwierigkeit, allein zu sein.
- Die Bereitschaft, die Misshandlung und den Missbrauch durch andere zu tolerieren.
- Neigung zu Naivität und Fantasie.

Was verursacht eine abhängige Persönlichkeitsstörung?

Obwohl die genaue Ursache der abhängigen Persönlichkeitsstörung nicht bekannt ist, handelt es sich höchstwahrscheinlich um eine Kombination aus biologischen, entwicklungsbedingten, temperamentvollen und psychologischen Faktoren. Einige Forscher glauben, dass ein autoritärer oder überfürsorglicher Erziehungsstil bei Menschen, die für die Störung anfällig sind, zur Entwicklung von abhängigen Persönlichkeitsmerkmalen führen kann.

Wie wird eine abhängige Persönlichkeitsstörung diagnostiziert?

Die Diagnose einer abhängigen Persönlichkeitsstörung muss von der Borderline-Persönlichkeitsstörung unterschieden werden, da die beiden gemeinsame Symptome aufweisen. Bei der Borderline-Persönlichkeitsstörung reagiert die Person auf Ängste vor dem Verlassenwerden mit Gefühlen von Wut und Leere. Bei der abhängigen Persönlichkeitsstörung reagiert die Person auf die Angst mit Unterwürfigkeit und sucht eine andere Beziehung, um ihre Abhängigkeit aufrechtzuerhalten.

Wenn die meisten oder alle der oben genannten Symptome einer abhängigen Persönlichkeitsstörung vorhanden sind, wird der Arzt eine Beurteilung beginnen, indem er eine gründliche medizinische und psychiatrische Anamnese und möglicherweise eine grundlegende körperliche Untersuchung durchführt. Obwohl es keine Labortests zur spezifischen Diagnose von Persönlichkeitsstörungen gibt, kann der Arzt verschiedene diagnostische Tests anwenden, um körperliche Erkrankungen als Ursache der Symptome auszuschließen.

Wenn der Arzt keinen körperlichen Grund für die Symptome findet, überweist er die Person möglicherweise an einen Psychiater, Psychologen oder eine andere medizinische Fachkraft, die für die Diagnose und Behandlung von psychischen Erkrankungen ausgebildet ist. Psychiater und Psychologen verwenden speziell entwickelte Interview- und Bewertungsinstrumente, um eine Person auf eine Persönlichkeitsstörung zu untersuchen.

Wie wird eine abhängige Persönlichkeitsstörung behandelt?

Wie bei vielen Persönlichkeitsstörungen suchen Menschen mit einer abhängigen Persönlichkeitsstörung im Allgemeinen nicht wegen der Störung selbst eine Behandlung auf. Vielmehr suchen sie eine Behandlung auf, wenn ein Problem in ihrem Leben – das oft aus dem Denken oder Verhalten im Zusammenhang mit der Störung resultiert – übermächtig wird und sie nicht mehr in der Lage sind, damit umzugehen. Menschen mit einer abhängigen Persönlichkeitsstörung neigen dazu, Depressionen oder Angstzustände zu entwickeln.

Die Psychotherapie ist die Hauptmethode zur Behandlung der abhängigen Persönlichkeitsstörung. Das Ziel der Therapie ist es, dem Betroffenen zu helfen, aktiver und unabhängiger zu werden und zu lernen, gesunde Beziehungen aufzubauen. Eine Kurzzeittherapie mit spezifischen Zielen wird bevorzugt, wenn der Schwerpunkt auf der Bewältigung von Verhaltensweisen liegt, die das Funktionieren beeinträchtigen. Es ist oft nützlich, dass Therapeut und Patient gemeinsam auf die Rolle des Therapeuten achten, um zu erkennen und anzusprechen, wie der Patient in der Behandlungsbeziehung die gleiche Art von passiver Abhängigkeit entwickelt, die auch außerhalb der Behandlung auftritt. Spezifische Strategien könnten ein Selbstbehauptungstraining beinhalten, um der Person mit abhängiger Persönlichkeitsstörung zu helfen, Selbstvertrauen zu entwickeln, und eine kognitive Verhaltenstherapie, um jemandem zu helfen, neue Einstellungen und Perspektiven über sich selbst im Verhältnis zu anderen Menschen und Erfahrungen zu entwickeln. Sinnvollere Veränderungen in der Persönlichkeitsstruktur einer Person werden in der Regel durch eine langfristige psychoanalytische oder psychodynamische Psychotherapie angestrebt, bei der frühe Entwicklungserfahrungen untersucht werden, da sie die Bildung von Abwehrmechanismen, Bewältigungsstilen und Mustern von Bindung und Intimität in engen Beziehungen prägen können.

Medikamente können zur Behandlung von Menschen mit einer abhängigen Persönlichkeitsstörung eingesetzt werden, die auch an verwandten Problemen wie Depressionen oder Angstzuständen leiden. Eine medikamentöse Therapie an sich behandelt jedoch in der Regel nicht die Kernprobleme, die durch die Persönlichkeitsstörung verursacht werden. Darüber hinaus sollten Medikamente sorgfältig überwacht werden, da Menschen mit abhängiger Persönlichkeitsstörung sie unangemessen verwenden oder bestimmte verschreibungspflichtige Medikamente missbrauchen könnten.

Was sind die Komplikationen einer abhängigen Persönlichkeitsstörung?

Menschen mit einer abhängigen Persönlichkeitsstörung haben ein erhöhtes Risiko für Depressionen, Angststörungen und Phobien sowie für den Missbrauch von Substanzen. Sie sind auch gefährdet, missbraucht zu werden, weil sie bereit sein können, praktisch alles zu tun, um die Beziehung zu einem dominanten Partner oder einer Autoritätsperson aufrechtzuerhalten.

Wie sind die Aussichten für Menschen mit abhängiger Persönlichkeitsstörung?

Mit einer Psychotherapie können viele Menschen mit einer abhängigen Persönlichkeitsstörung lernen, wie sie in ihrem Leben selbständigere Entscheidungen treffen können.

Kann eine abhängige Persönlichkeitsstörung verhindert werden?

Obwohl eine Vorbeugung der Störung nicht möglich ist, kann die Behandlung einer abhängigen Persönlichkeitsstörung es einer Person, die zu dieser Störung neigt, manchmal ermöglichen, produktivere Wege des Umgangs mit Situationen zu erlernen.

Die Entwicklung der Persönlichkeitsstruktur ist ein komplexer Prozess, der bereits in der frühen Kindheit beginnt. Eine Psychotherapie, die auf die Veränderung der Persönlichkeit abzielt, kann erfolgreicher sein, wenn sie früh begonnen wird, wenn der Patient hoch motiviert ist, sich zu verändern und wenn es eine starke Arbeitsbeziehung zwischen Therapeut und Patient gibt.

Kapitel 5
31 Tipps, um Ihre emotionale Abhängigkeit langfristig zu überwinden

Unabhängigkeit ist im Allgemeinen eine gute Sache. Aber es gibt Leute, die übermäßig unabhängig sind: Sie sind in übertriebenem Maße dazu entschlossen, das zu tun, was sie wollen und wann sie wollen. Sie fühlen sich berechtigt, ihre eigenen Regeln aufzustellen und ignorieren ständig die Normen der Gesellschaft oder stellen sie in Frage. Sie sind entschlossen, niemandem verpflichtet zu sein oder sich in irgendeiner Weise einer Autorität unterzuordnen. Das kann ein großes Problem sein, nicht nur für Beziehungen, sondern für die Gesellschaft als Ganzes.

Es gibt auch Leute, die sich viel zu leicht und schnell anpassen und Erwartungen erfüllen. Sie neigen dazu, übermäßig nachgiebig zu sein, besonders in ihren Beziehungen. Auch hier entstehen Probleme, weil das Gleichgewicht gestört ist. Manche Menschen haben einfach nicht genug Unabhängigkeit im Denken und Handeln.

Emotionale Abhängigkeit entwickelt sich auf eine schleichende Art und Weise. Das Leben stellt uns vor viele verschiedene Herausforderungen und wie wir uns selbst und unsere Fähigkeit, damit umzugehen, einschätzen, bestimmt in hohem Maße, wie wir diesen Herausforderungen begegnen. Wenn wir von Zweifeln an unserer Fähigkeit, Dinge erfolgreich zu bewältigen, geplagt werden, versuchen wir es vielleicht gar nicht erst. Wenn wir uns nicht durchsetzen können oder zu schnell oder zu leicht das Handtuch werfen, verwehren wir uns die Chance auf gelegentliche Erfolge. So kann ein Teufelskreis entstehen: Jedes Mal, wenn wir einen Rückzieher machen, aufgeben oder nachgeben, verstärken wir nur die Vorstellung, dass wir unsere Ziele einfach nicht erreichen können. Dieses Denken beeinträchtigt unser ohnehin schon schlechtes Selbstbild nur noch mehr. Und genau so entwickelt sich emotionale Abhängigkeit. Ein gestörtes Gefühl der Selbstwirksamkeit und des Selbstwerts kann eine Person leicht dazu verleiten, Bestätigung, Anerkennung und Unterstützung von anderen zu suchen, die sie als stärker, fähiger und selbstbewusster ansehen. Allzu oft gehören Menschen mit diesen Eigenschaften zu den übermäßig unabhängigen Personen, die ich zuvor beschrieben habe. Auf diese Weise können Missbrauch und Ausbeutung in eine Beziehung gelangen.

Emotionale Abhängigkeit wird zu einem großen Problem, wenn das Gefühl von persönlichem Wert und Macht zu sehr von der Zustimmung eines anderen abhängt. Menschen, deren Glück, Sicherheitsgefühl und Selbstwertgefühl von den Handlungen oder Gefühlen anderer abhängen, neigen dazu, chronisch unglücklich und deprimiert zu sein. Sie haben ein Gefühl der Hilflosigkeit und Hoffnungslosigkeit. Emotionale Abhängigkeit und Depression gehen oft Hand in Hand.

Die Überwindung der emotionalen Abhängigkeit ist nicht leicht zu bewerkstelligen, vor allem dann nicht, wenn Ihr Selbstbild und Ihr Selbstvertrauen den Bach runtergegangen sind. Die Aufgabe ist einfach: Tun Sie genau die Dinge, vor denen Sie sich fürchten. Stellen Sie sich den Herausforderungen des Lebens, auch wenn Sie nicht sicher sind, ob Sie daraus als Sieger hervorgehen können. Erlauben Sie sich sogar im Voraus, zu scheitern. Anstatt sich selbst für Ihre Fehler zu schelten, machen Sie es sich zur Aufgabe, von ihnen zu profitieren, indem Sie jedes Scheitern als eine Lernerfahrung betrachten. Mit der Zeit werden Sie mit konsequenter Entschlossenheit und Selbstbehauptung, auch im Angesicht möglicher Misserfolge, Ihren Anteil an Erfolgen erleben. Und das wird Ihnen helfen, nicht nur Ihr Selbstvertrauen, sondern auch ein größeres Gefühl der persönlichen Stärke und des Selbstwerts aufzubauen.

Menschen, die mit emotionaler Abhängigkeit zu kämpfen haben, neigen dazu, ihre Aufmerksamkeit nach außen zu richten und suchen in externen Quellen nach Anerkennung und Befriedigung ihrer emotionalen Bedürfnisse. Die Überwindung der emotionalen Abhängigkeit ist also größtenteils eine Frage der Umlenkung des eigenen Fokus nach innen. Es geht darum, eine gute, heilsame Zeit mit seinen Gefühlen zu verbringen. Es geht darum, sich um seine grundlegenden Wünsche und Bedürfnisse zu kümmern. Es geht darum, über die eigenen Entscheidungen und die Konsequenzen dieser Entscheidungen nachzudenken. Natürlich muss man dies wohlwollend tun, ohne unproduktive Selbstkritik oder Verurteilung. Letztendlich geht es darum, sich selbst besser kennenzulernen und herauszufinden, wie man seine natürlichen Stärken verbessern und mit seinen Schwächen konstruktiv umgehen kann. Kurzum: Es geht um gesunde Selbstliebe.

Emotional abhängige Menschen sind chronisch gefährdet, missbräuchliche und ausbeuterische Beziehungen einzugehen und darin zu bleiben. Sie sind gefährdet, den chronischen Schmerz, den solche Beziehungen hervorrufen, auf alle möglichen ungesunden Arten selbst zu behandeln. Aber es gibt einen Ausweg und der beginnt damit, dass man irgendetwas anders macht als sonst und aus den Konsequenzen lernt. Am Ende werden die Betroffenen aus der emotionalen Abhängigkeit gerettet, indem sie sich genau der Person zuwenden, der sie so lange misstraut haben und die sie so lange vernachlässigt haben – sich selbst.

Leider gibt es kein festes Regelwerk, wenn es um den Umgang mit emotionaler Abhängigkeit geht. In vielen Fällen braucht man professionelle Hilfe, um eventuelle Traumata zu überwinden, aber es gibt Schritte, die wir unternehmen können, um uns selbst über unseren schwächsten Moment hinwegzuhelfen.

Hinweis: Emotionale Abhängigkeit ist ernst zu nehmen. Wenn Sie denken, dass Sie mit Abhängigkeitsproblemen zu tun haben könnten, wenden Sie sich zusätzlich an jemanden, dem Sie vertrauen, oder an eine Fachkraft, die Erfahrung mit dem entsprechenden Thema hat.

Wenn emotionale Abhängigkeit etwas ist, mit dem Sie schon lange zu kämpfen haben, fördern Sie Ihr Verständnis, indem Sie diese einfachen Techniken anwenden, um wieder in Kontakt mit der starken, authentischen Person zu kommen, die Sie im Inneren sind.

1. **Vermeiden Sie es, die Verantwortung für Ihr Glück abzugeben.**

Menschen, die sich nicht sicher sind, wie sie emotional für sich selbst sorgen können, greifen oftmals nach jemand anderem, der dies für sie tut. Aber egal, wie gut sich jemand dabei fühlt, es ist trotzdem eine bessere Idee, so viel emotionale Eigenständigkeit wie möglich zu entwickeln und zu bewahren, anstatt sich zu sehr auf diese andere Person zu verlassen.

Dies zu entwickeln erfordert Selbstreflexion, Lernen und Übung. Schließlich werden Sie in der Lage sein, in Situationen, in denen Sie normalerweise von jemand anderem abhängig wären, für sich selbst zu sorgen. Wenn Sie sich zum Beispiel traurig, einsam, verzweifelt oder gestresst fühlen, könnten Sie mit verschiedenen Möglichkeiten experimentieren, diese Gefühle aufzulösen.

Diese Erkenntnis kann auch sehr nützlich sein, wenn Sie sich bedürftig fühlen. Wenn zum Beispiel jemand nicht auf eine Nachricht antwortet, dann denken Sie vielleicht „Warum kann er nicht einfach antworten?". Aber dann, anstatt eine zweite Nachricht hinterher zu senden, gehen Sie einen Schritt zurück und sagen „Okay, vielleicht will ich jetzt auch nicht jemand sein, der die Leute zu sehr unter Druck setzt".

2. Üben Sie, öfter für sich selbst da zu sein.

Wir alle haben ein angeborenes Bedürfnis, uns mit anderen Menschen zu verbinden und es lohnt sich allemal, gute Freundschaften und Beziehungen zu entwickeln. Sie sollten sich zwar nicht von der Welt abschotten und sich einbilden, dass Sie völlig autark leben können und sich gewissermaßen zum Einsiedlerdasein verpflichten.

Es ist jedoch wichtig zu lernen, wie Sie sich auch um sich selbst kümmern. Und das Ironische an dem Wunsch, weniger bedürftig zu sein, ist, dass die Lösung darin besteht, zu erkennen, dass Ihre Bedürfnisse sehr wichtig sind und nicht verschwinden, wenn Sie sie einfach vernachlässigen oder ignorieren. Abhängigkeit ist oft die Folge davon, dass Ihre Bedürfnisse vernachlässigt werden.

Hier sind einige wichtige Möglichkeiten, sich emotional besser um sich selbst zu kümmern:

- Erkennen Sie Ihre Bedürfnisse und stellen Sie Ihr Wohlbefinden in den Vordergrund.
- Üben Sie sich darin, Ihre Zeit allein zu genießen und die Leichtigkeit des Lebens zu erforschen.

- Entwickeln Sie echtes Interesse und Neugierde und haben Sie Spaß daran, neue Dinge zu entdecken.
- Finden oder gründen Sie eine Selbsthilfegruppe, in der Sie Ihre Gefühle ausdrücken können.
- Entwickeln Sie eine Liste mit gesunden Bewältigungsstrategien und Ablenkungen.
- Kehren Sie mehrmals am Tag bewusst in den gegenwärtigen Moment zurück.
- Treiben Sie regelmäßig Sport, damit sich Ihr Körper besser fühlt.
- Gönnen Sie sich jede Woche etwas Schönes.
- Erforschen Sie öfter Ihre Fähigkeit zu aufrichtiger Begeisterung.
- Schwelgen Sie in allem Positiven und genießen Sie alles, was Freude bringt.
- Üben Sie regelmäßig Selbstmotivation oder Selbstinspiration.
- Vergessen Sie nie, dass überall dort, wo es Leben gibt, auch Hoffnung ist.

Natürlich werden Sie nicht immer in der Lage sein, all diese Dinge zu tun. Mit der Zeit werden Sie sowohl in der Selbstfürsorge als auch in der Selbstentwicklung besser werden. Die Priorität liegt einfach darin, gut zu sich selbst zu sein, also aufrichtig, freundlich, fürsorglich und hilfreich zu sich selbst zu sein, auf eine Art und Weise, die Sie vielleicht noch gar nicht gewohnt sind.

Die Einsamkeit ist Ihre größte Chance, all dies zu erforschen. Stellen Sie sich vor, Sie würden sich entschließen, ein paar Monate in völliger Einsamkeit zu verbringen. Eine gute Frage, die Sie sich stellen könnten, wäre: „Wie könnte ich diese Phase der Einsamkeit friedlich, entspannend, heilend, spielerisch, konstruktiv, sinnvoll oder lohnend gestalten?".

Sie würden wahrscheinlich viele überraschende Möglichkeiten entdecken, sich zu amüsieren, für sich zu sorgen und sich besser zu fühlen: Vielleicht durch beruhigende Meditation, Filme, Musik, Bücher, oder einfach durch lange Spaziergänge, begleitet von Ihrer Fantasie. Machen Sie es zu Ihrem Projekt, zu erforschen und zu wiederholen, was für Sie funktioniert.

3. **Lernen Sie Ihr verletzliches Selbst wirklich kennen.**

Wenn Sie Ihre Gefühle und Gedanken unterdrücken, entsteht eine Leere, wo Selbstverbundenheit sein könnte. Eine gute Möglichkeit, diese Leere zu füllen, ist, sich darin zu üben, sich durch spontane Sprachaufnahmen, Schreiben oder Tagebuchführung auszudrücken. Wenn Sie sich selbst durch einen Prozess des authentischen Selbstausdrucks kennenlernen, können Sie beginnen, sich mit sich selbst anzufreunden.

Wir wollen oft, dass andere Menschen uns zuhören, uns verstehen und uns unterstützen, weil wir die Möglichkeit, das für uns selbst zu tun, aufgegeben haben. Zu entdecken, wer wir sind, durch einen experimentell ehrlichen, rohen und unbearbeiteten Ausdruck unserer wahren Gedanken und Gefühle, ist ein sehr guter erster Schritt zur Selbsterkenntnis.

Wir fühlen uns hilflos, wenn wir nicht in der Lage sind, uns auszudrücken. Ihre Bedürfnisse, Wünsche, Frustrationen, Verletzungen, Ängste, Traurigkeit, Scham, Verzweiflung, stressige Irritation und Wut über das, was nicht fair ist, zu beschreiben, ist eine großartige Möglichkeit, sich selbst Kraft zu geben, damit Sie sich bewusst machen können, was Sie durchmachen.

Es ist wichtig, dass Sie sich erlauben, so verletzlich zu sein, wie Sie sich innerlich wirklich fühlen und dass Sie diese Verletzlichkeit ausdrücken, ohne gegen sich selbst zu reagieren, weil Sie nunmal menschlich sind. Das bedeutet, dass Sie sich nicht nur erlauben, Frustrationen auszudrücken, sondern auch wirklich hilflose Dinge zu sagen, wie zum Beispiel „Ich habe Angst, dass ich es einfach nicht schaffen werde" oder „Mein Herz zerbricht".

Der Schlüssel zur Freisetzung Ihres Selbstmitgefühls ist es, sich einzugestehen, wie schwer das ist, was Sie gerade durchmachen. Wenn Sie dies zum Ausdruck bringen, werden Sie vielleicht ein wenig weinen und ein Gefühl der emotionalen Befreiung spüren, was wunderbar heilsam ist. Es braucht Übung, aber es lohnt sich, regelmäßig daran zu arbeiten, vielleicht mit Hilfe von emotional inspirierender Musik.

Selbst wenn Ihre Emotionen durch ein hartes Gefühl der Realitätsferne betäubt zu sein scheinen, ist es gut, über die Verwirrung und Verzweiflung zu schreiben, die Sie dabei empfinden. Schließlich können Sie lernen, Ihre Emotionen vollständig wahrzunehmen. Sie werden erkennen, dass es wirklich nichts Schöneres, Unschuldigeres oder Anbetungswürdigeres gibt als Ihr eigenes Herz.

Es ist nicht nur gut, Gefühle auszudrücken, sondern auch Ihre hilflosen Gedanken aufzuschreiben, damit Sie sie verstehen und sich wirklich mit Ihrem eigenen Verstand auseinandersetzen können. Wenn Sie Ihre Gedanken ignorieren, ist es wahrscheinlicher, dass diese Sie unbewusst kontrollieren. Wenn Sie Ihre Gefühle ausdrücken, können Sie beginnen, mitfühlender, rationaler und reaktionsfähiger mit ihnen umzugehen.

4. Üben Sie sich in liebevoller Selbsterziehung.

Verletzlichkeit auszudrücken ist eine Möglichkeit, mit dem Teil von Ihnen in Kontakt zu kommen, der als das innere Kind bekannt ist. Der beste Weg, sich in diesen Teil von Ihnen einzufühlen und ihn auszudrücken, ist, sich mit diesem inneren Kind zu identifizieren und direkt mit ihm zu sprechen, indem Sie Dinge sagen wie „Ich fühle mich gerade sehr traurig/verletzt/einsam ...".

Sobald Sie Ihre Hilflosigkeit gespürt und aufrichtig ausgedrückt haben, ist es gut, auf diesen Teil von Ihnen aus einer Perspektive liebevoller elterlicher Aufmerksamkeit zu reagieren. Das erste, was Sie tun können, ist, einfach zu bemerken, wie liebenswert unschuldig, verletzlich und schuldlos das innere Kind ist, wenn es Leiden ausdrückt und ein paar tiefe Atemzüge zu nehmen.

Dabei kann es hilfreich sein, ein geistiges Bild davon zu visualisieren und sich sanft damit zu verbinden, wie Sie in einem sehr jungen Alter ausgesehen haben. Sie können dann etwas mitfühlendes sagen, um Ihr inneres Kind sanft zu beruhigen, etwa dass es in Ordnung ist, so zu denken oder zu fühlen. Schließlich können Sie nichts dafür, welche hilflosen Gedanken und Gefühle in Ihnen aufkommen.

Sie können sich dann entschließen, sich mit liebevoller Absicht zu helfen. An diesem Punkt drücken Sie sich als der verantwortliche Erwachsene aus, der entschlossen ist, sein Bestes zu tun, um sich um sein liebenswertes Kind zu kümmern. Auch wenn Sie nicht wissen, was Sie tun sollen, können Sie sanft sagen: „Wir werden das schon herausfinden" oder vielleicht noch weiter gehen und ein Versprechen abgeben.

Sie könnten darauf eine Anweisung für eine hilfreiche Handlung folgen lassen, zum Beispiel „Wir werden jetzt tief einatmen und uns entspannen. Wir werden eine beruhigende Tasse Tee trinken. Wir werden uns diese Fernsehsendung ansehen. Und langsam aber sicher werden wir all die belastenden Dinge loslassen, die uns diese schrecklichen Schmerzen bereitet haben".

Sie können einen ähnlichen Ansatz der Selbsterziehung wählen, um mit zukünftigen Herausforderungen umzugehen. Sie könnten beispielsweise sagen: „Ich weiß, dass du Angst hast. Ich weiß, dass dies nicht einfach sein wird. Aber ich bin hier, um alles zu tun, was ich kann, um dir zu helfen, diese Situation zu überstehen. Ich weiß, dass alles gut werden wird, weil wir einen Weg finden können, damit umzugehen".

Und so haben wir einen Prozess für den Umgang mit Ihren Gedanken und Emotionen. Zuerst können Sie sich erlauben, sie mit authentischer Verletzlichkeit vollständig auszudrücken. Dann können Sie mit mitfühlender Akzeptanz und Verständnis darauf reagieren. Schließlich können Sie eine liebevolle Absicht zum Ausdruck bringen, mit ihnen auf eine freundliche und hilfreiche Weise umzugehen.

Selbst wenn einige Ihrer Gedanken albern erscheinen, denken Sie daran, dass es in Ordnung ist, solche Gedanken zu haben. Sie werden Ihrem inneren Kind nicht helfen, wenn Sie solche Gedanken abweisen, zurückweisen, zensieren oder bestrafen. Lassen Sie sie also zu, drücken Sie sie vollständig aus und hören Sie ihnen von ganzem Herzen zu, bevor Sie überhaupt in Erwägung ziehen, ob es möglich wäre, anders zu denken.

Wenn Sie eine schwere Zeit durchmachen, finden Sie vielleicht nicht immer einen perfekt rationalen oder ausgewogenen Weg, um über alles nachzudenken. Aber das ist in Ordnung, denn jeder Gedanke, der während des Leidens erlebt wird, ist immer noch ein gültiger Ausdruck von emotionalen Bedürfnissen, Frustrationen oder Schmerzen, die vor allem Ihre aufrichtige und menschliche Anerkennung erfordern.

5. Üben Sie, für sich selbst da zu sein.

Wir alle wollen uns mit anderen Menschen verbinden. Aber es ist unsere Verbindung zu uns selbst, die die meisten transformativen Kräfte hat. Es ist wichtig zu lernen, auf sich selbst aufzupassen und es ist wichtig zu lernen, dass man sich auf sich selbst verlassen kann - egal was passiert.

Ihre Bedürfnisse werden nicht verschwinden, nur weil Sie sie ignorieren oder nur weil jemand anderes sie ablehnt. Sie sind wichtig und Sie haben es verdient, dafür geschätzt zu werden, so wie Sie sind.

Üben Sie, für sich selbst da zu sein, indem Sie Ihre Bedürfnisse erkennen und verstehen, dass es in Ordnung ist, diese über die Wünsche anderer zu stellen. Umarmen Sie Ihre Leidenschaften, Interessen und auch Ihre Fehler mit offenen Armen und verstecken Sie sich oder Ihr Licht nicht, indem Sie es für das Leuchten eines anderen dämpfen.

Wir können lernen, uns selbst zu lieben, aber es erfordert ein bereitwilliges Engagement, genau wie in jeder anderen Beziehung. Sie sind vielleicht nicht in der Lage, alle Ihre eigenen Bedürfnisse zu erfüllen, aber Sie können die meisten davon erfüllen. Sie müssen nur die

Ärmel hochkrempeln und es versuchen, anstatt darauf zu warten, dass jemand anderes sie für Sie erfüllt.

Erkennen Sie Ihre Bedürfnisse und setzen Sie Prioritäten für Ihr Wohlbefinden. Gehen Sie regelmäßig auf Ihre Bedürfnisse ein und scheuen Sie sich nicht, für sie einzustehen. Verwöhnen Sie sich jede Woche, aber tun Sie auch jede Woche etwas für Ihre Zukunft (zum Beispiel sparen). Treiben Sie regelmäßig Sport und vermeiden Sie es, ständig zu faulenzen, wenn Sie stattdessen etwas Produktives tun könnten.

6. **Hören Sie auf, Ihre Verantwortung an sich selbst abzugeben.**

Wenn wir uns nicht sicher sind, wie wir uns emotional um uns selbst kümmern sollen, ist es bequem, die Verantwortung an jemand anderen abzugeben, aber das ist auch definitiv der Weg, der uns in Schwierigkeiten bringt. Schließlich kann sich niemand außer uns selbst um unsere Emotionen kümmern.

Um die stärkste und stabilste Version von uns selbst zu werden, müssen wir in der Lage sein, unser Selbstvertrauen zu entwickeln. Dieses Selbstvertrauen macht uns widerstandsfähiger gegen den Stress, den das Leben uns entgegenwirft.

Unsere Verantwortung abzugeben ist schwach und ermutigt uns nur zu noch mehr Schwäche in unserem Leben. Selbstvertrauen ist der Schlüssel, um unseren bedürftigeren und bösartigeren Zügen zu entkommen, aber es ist ein schwer zu beherrschendes Werkzeug.

Seien Sie freundlich zu sich selbst und haben Sie den Mut, für die Dinge einzustehen, die Sie am meisten brauchen. Niemand wird Ihnen diese Dinge geben, außer Sie selbst. Je früher Sie das erkennen, desto besser wird es Ihnen gehen.

7. Erziehen Sie sich selbst neu.

Oft ist es unser zerbrochenes inneres Kind, das für den Herzschmerz in unserem Erwachsenenleben verantwortlich ist.

Diese armen und zerbrochenen Wesen wohnen in jedem von uns. Sie haben eine unheimliche Art, jedes Mal, wenn wir mit Stress oder Widrigkeiten in unserem Leben konfrontiert werden, ihr untröstliches Gesicht zu zeigen. Der Umgang mit unserem inneren Kind kann schwierig sein, aber er ist notwendig, um uns selbst zu heilen.

Zu lernen, unser inneres Kind anzusprechen, erlaubt uns aber auch, uns selbst liebevoll zu heilen und das ist eine Fähigkeit, die unbezahlbar ist. Die Kunst, uns selbst wieder neu zu erziehen, beginnt damit, die Verletzungen unseres inneren Kindes wahrzunehmen und endet damit, sie friedlich und rational durch Verständnis zu lösen.

Wenn wir dem Kind in uns erlauben, verletzlich zu sein, erlauben wir uns, so zu sein, wie wir sind. Der Entschluss, diesem zerbrochenen Kind mit liebevoller Absicht zu helfen, erlaubt uns, uns ehrlich und offen auszudrücken. Scheuen Sie sich daher nicht, Ihr inneres Kind wissen zu lassen, dass seine Gefühle beängstigend, aber harmlos sind. Sagen Sie ihm, dass diese Gefühle mit der Zeit vergehen werden. Es muss nur mutig genug sein, sie loszulassen. Sie können dem eine Handlungsanweisung folgen lassen, aber was auch immer Sie tun, lassen Sie den Schmerz zu und erlauben Sie sich, ihn zu fühlen und ihn vollständig zu umarmen.

Entwickeln Sie mit diesem Kind einen Prozess, der es Ihnen erlaubt, mit Ihren Emotionen auf eine gesündere, stabilere Weise umzugehen. Ehren Sie Ihre Gedanken und erlauben Sie ihnen, im Moment so zu kommen, wie sie sind.

Wenn wir eine schwere Zeit durchmachen, kann es unmöglich erscheinen, eine ausgeglichene Art zu denken zu finden. Indem wir uns selbst heilen, können wir einen Weg zu Glück und Akzeptanz finden. Es braucht nur Beharrlichkeit.

8. Erkennen Sie Ihre eigene emotionale Grausamkeit.

Mit uns selbst hart umzugehen, ist ein Bewältigungsmechanismus, der mehr schadet als nützt. Wenn wir zu hart mit uns selbst umgehen, fangen wir an, diesen inneren Monolog zu scheuen und suchen bei anderen nach Erleichterung. Sie können dieses Muster der Selbstkritik rückgängig machen, indem Sie einen besseren Weg finden, mit sich selbst und Ihren Emotionen umzugehen, wenn es schwierig wird.

Erkennen Sie, dass es echtes Leid in Ihrem Leben gibt und akzeptieren Sie, dass Sie (manchmal) die Ursache dafür sind. Erkennen Sie, dass es nichts bringt, zu hart zu sich selbst zu sein, sondern dass dies Ihre negativen Emotionen nur noch weiter verstärkt. Unsere eigene emotionale Grausamkeit zu erkennen, kann eine schwierige Sache sein, aber wenn Sie einen zweiten Blick darauf werfen, werden Sie erkennen, dass Sie Ihr eigener schlimmster Feind sind.

9. Losgelöstheit als Befreiung.

Unser Verstand ist ein Meister, wenn es darum geht, uns zu überzeugen, dass wir mehr und mehr brauchen. Das gilt auch für unsere Beziehungen und das Gefühl der Liebe, nach dem sich so viele von uns so verzweifelt sehnen.

Während das Verlangen uns oft in die Richtung der Dinge weisen kann, die uns Freude bereiten, kann es gleichzeitig auch gefährlich für uns sein, indem es uns in die Richtung von Dingen führt, die uns eher zerstören als aufbauen.

Nur weil Sie ein Verlangen nach etwas haben, bedeutet das nicht, dass es Ihrem Leben einen Mehrwert verleiht. Wenn Sie Ihr Verlangen als einen Teil von sich selbst sehen, haben Sie keine andere Wahl, als zu handeln. Wenn Sie es jedoch losgelöst von Ihnen sehen, als einen Impuls, der für alle Menschen grundlegend ist, dann kann dies ganz von allein einige wirklich transformative Kräfte haben.

Es ist möglich, unsere Wünsche loszulassen, indem wir unseren Fokus bewusst von den Dingen wegverlagern, die uns zwanghaft in die "Bedürfnisfalle" treiben. Sich einmal von seinen Wünschen zu lösen, kann eine wertvolle Erfahrung sein.

10. Entwickeln Sie etwas Geduld.

Ein Teil der Entwicklung Ihrer emotionalen Unabhängigkeit ist die Verbesserung Ihrer Fähigkeiten und die Erhöhung des Wertes von den Dingen, die Sie tatsächlich für sich selbst tun können.

Die Entwicklung von Fähigkeiten braucht Zeit. Es braucht Engagement und den Vorsatz, sich niemals selbst zu kompromittieren. Vor allem aber braucht es Geduld – denn, wie man so schön sagt: "Rom wurde nicht an einem Tag erbaut".

Kultivieren Sie Geduld in Ihrem Leben und versuchen Sie, eine größere Geduld für die Reise des Lebens im Allgemeinen zu haben. Es läuft nicht immer glatt. Aber je eher Sie diese Geduld aufbringen, desto eher werden Sie in der Lage sein, die Fähigkeiten zu entwickeln, die Sie brauchen, damit Ihr Selbstwertgefühl wachsen kann.

11. Lassen Sie mentale Bindungen los, indem Sie sich auf eine sanfte, tiefe Atmung konzentrieren.

Wann immer Sie von jemandem oder etwas abhängig sind, hat sich Ihr Geist tief mit dieser Person oder diesem Objekt verbunden. Die Lösung besteht darin, sich darin zu üben, losgelöst oder ungebunden zu werden, während Sie im gegenwärtigen Moment bleiben.

Manchmal finden wir uns gefangen in einer inneren Welt von mentalen Bindungen und Reaktionen. Wir wissen, dass dies geschieht, wenn wir beginnen, von einer Person, einem Thema oder einer Situation besessen zu sein, hilflos mitgerissen von einer Kette intensiver, miteinander verbundener Gedanken und Emotionen, die bedeuten, dass unser Leiden sich immer wiederholt.

Der beste Weg, etwas loszulassen, ist, alles loszulassen, Ihren Fokus also so zu verändern, dass Sie Ihrem Geist eine dringend benötigte Pause von dem Versuch gönnen, etwas oder jemanden zu kontrollieren oder sich daran zu klammern. Sie können dies tun, indem Sie sich so sehr auf Ihren Atem konzentrieren, so dass der Fokus auf alles andere außer dem Atem und dem Körper schließlich wegzugleiten beginnt.

Es hilft, einen ruhigen Ort zum Sitzen zu finden, Ihre Atmung allmählich zu verlangsamen und sich nur noch auf Ihren Atem zu konzentrieren. Natürlich werden Sie trotzdem kurzzeitig durch Gedanken, Gefühle, Anblicke, Gerüche und Geräusche abgelenkt, aber Sie können diese sanft anerkennen und sich dann wieder nur auf Ihren Atem und Körper konzentrieren.

Wann immer Sie das Gefühl haben, vom Chaos oder der Verrücktheit des Lebens mitgerissen zu werden, können Sie dazu zurückkehren, Ihre Atmung für eine Weile sanft zu verlangsamen. Aber es ist auch eine gute Idee, mindestens 15 Minuten am Tag in anhaltender Konzentration auf sanftes, tiefes Atmen zu verbringen, weil dies einen ruhigen Raum schafft, der Ihren Geist befreien kann.

Was Sie in diesem Raum tun, ist, sich zu erlauben, sich ein wenig zu entspannen, ungeachtet dessen, wie der Rest der Welt sein kann. Das Loslassen hilft Ihnen zu erkennen, dass es sich nicht lohnt, wieder zu sehr in etwas verwickelt zu sein, was vielleicht ohnehin nicht gut für Sie ist und dass Sie sich damit nicht mehr beschäftigen können.

12. Erkennen Sie Selbsthärte als eine Form emotionaler Grausamkeit.

Wenn Sie es gewohnt sind, mit sich selbst hart umzugehen, dann haben Sie diese Gewohnheit wahrscheinlich als Bewältigungsmechanismus entwickelt, um mit extremen Umständen umzugehen.

Der Schlüssel zur Überwindung liegt in der Erkenntnis, dass Ihr inneres Kind wirklich leidet, daher im Wesentlichen unschuldig sein muss und keine der harten Strafen verdient, die Sie sich gewohnheitsmäßig selbst auferlegt haben. Sie werden viele Jahre freundlicher und nährender Selbstunterstützung brauchen, damit Sie sich erholen, heilen, wachsen und entwickeln können.

Eine gute Möglichkeit, die Verantwortung für Ihre Selbsthärte zu übernehmen, besteht darin, eine Liste der Dinge zu führen, die Sie zu sich selbst sagen. Sie können sich dann fragen, ob jede dieser Reaktionen fair und hilfreich ist, ob Sie dasselbe auch jemandem antun würden, den Sie lieben und ob Sie es durch eine bessere Reaktion ersetzen könnten.

Es ist besonders wichtig, auf unterdrückende Gedanken und Reaktionen zu achten. Oft bestrafen wir uns selbst dafür, dass wir auf eine bestimmte Art und Weise denken oder fühlen, indem wir zum Beispiel mit „Sei nicht albern" oder „Ich sollte mich nicht so fühlen" reagieren. Es ist viel hilfreicher, Ihr inneres Kind zu ermutigen, das zu sagen, was es gerade denkt und das voll und ganz anzunehmen.

Stellen Sie sich vor, Sie treffen ein verlorenes Kind auf der Straße. Das Kind ist ängstlich, traurig, einsam, verzweifelt, aufgeregt, wütend oder auf eine andere Weise hilflos. Wäre es hilfreich, das Kind zu ignorieren oder ihm zu sagen: „Halt die Klappe"? Oder wäre es hilfreicher, dem Kind zuzuhören, zu versuchen, es zu verstehen und seine echten Sorgen anzunehmen?

Deshalb beginnt die Freundschaft mit sich selbst damit, dass Sie in der Lage sind, Ihr inneres Kind auszudrücken und ihm zuzuhören. Der Teil von Ihnen, der am meisten kämpft, ist der Teil, der am meisten das Bedürfnis hat, sich auszudrücken, anerkannt zu werden und sich verstanden zu fühlen. Sie sind in der besten und naheliegendsten Position, dieses Verständnis zu vermitteln, aber es beginnt mit dem Selbstausdruck.

13. Vermeiden Sie es, Bedürfnisse mit der Verantwortung eines anderen zu verwechseln.

Ein wichtiger Schritt auf dem Weg zur Freiheit ist es, anderen Menschen zu erlauben, völlig frei zu sein, anstatt an offenen oder heimlichen Ressentiments über ihr Verhalten festzuhalten. Es mag verlockend sein, sich über jemanden zu ärgern, der in einer Krise nicht für Sie da ist oder Sie in irgendeiner Weise im Stich lässt, aber das ist nicht die wirkliche Lösung für Ihre Situation.

Überlegen Sie mal, wie oft Sie vielleicht schon an einem Obdachlosen auf der Straße vorbeigegangen sind und ihm nicht einmal etwas Kleingeld zugeworfen haben. Wenn Sie zu einem „emotionalen Bettler" werden, befinden Sie sich in einer ähnlich schwierigen Situation. Sie können um Hilfe bitten, aber es hat keinen Sinn, sie einzufordern, denn die harte Wahrheit ist, dass Ihnen niemand wirklich etwas schuldet.

Ein Teil der Lösung ist einfach zu akzeptieren, dass Menschen natürliche Grenzen haben, wenn es um Freundschaften, Beziehungen, Menschlichkeit und Verständnis geht. Sie finden es vielleicht schon schwer genug, positiv zu bleiben, ohne sich um diejenigen kümmern zu müssen, die noch nicht gelernt haben, auf sich selbst aufzupassen.

Die Vorstellung, dass jemand Ihnen helfen „soll" oder „muss", kann manipulativ wirken, weil es Ihre Bedürfnisse mit seiner Verantwortung verwechselt. Es ist es nicht wert, die Grenzen von jemandem auszutesten, indem man ihn unter Druck setzt, jemand zu sein, zu dem er vielleicht gar nicht in der Lage ist.

Niemand auf der Welt, außer Ihnen selbst, ist für Ihr Glück verantwortlich. Während Ihre Einstellungen in Ihrer Kindheit vielleicht von Ihren Eltern beeinflusst wurden, hängt die Einstellung, die Sie von diesem Moment an haben, von Ihnen ab.

Einer der wichtigsten Schritte auf unserem Lebensweg besteht darin, zu akzeptieren, dass unsere Bedürfnisse nicht in der Verantwortung von jemand anderem liegen. Es ist verlockend, wütend zu werden, wenn jemand uns unter Wert verkauft, aber das ist nicht die Lösung, um dorthin zu gelangen, wo wir hinmüssen.

Die wirklichen Antworten liegen darin, zu lernen, dass es in jeder Beziehung Grenzen gibt; Freundschaften und romantische Beziehungen eingeschlossen. Sie können um Hilfe bitten, so viel Sie wollen, oder sich darauf verlassen, dass jemand Sie glücklich macht, aber am Ende des Tages kann er Ihnen nicht etwas geben, was er nicht hat.

Die Vorstellung, dass irgendjemand Ihnen helfen sollte, sich besser zu fühlen, ist ein Fehler von epischem Ausmaß. Je länger Sie Ihr Leben unter diesem Glauben leben, desto unglücklicher werden Sie sein. Je eher Sie sich der Realität stellen und der Tatsache ins Auge sehen, dass nur Sie für Ihr Glück verantwortlich sind, desto mehr Freude werden Sie in den kleinen Momenten Ihres Lebens finden.

14. Erkennen und Loslassen von selbstzerstörerischen Kindheitsmustern.

Eine Menge Bedürftigkeit kann von schwierigen Ereignissen in der Kindheit oder Jugend herrühren. Die Identifizierung dieser Ereignisse und die Art und Weise, wie Sie als Kind darauf reagiert haben, ist ein guter Weg, um zu erkennen, warum Sie vielleicht in einem Ort der emotionalen Abhängigkeit und Hilflosigkeit stecken geblieben sind. Die Zukunft muss nicht wie die Vergangenheit sein.

Das Erforschen unserer Vergangenheit ist der Schlüssel, um unsere Blockaden im Jetzt zu lösen.

Sie wollen sich nicht in der Vergangenheit verlieren. Aber diese bis zu einem gewissen Grad zu erforschen, kann Ihnen helfen, Denk-, Gefühls- und Verhaltensmuster loszulassen, die Sie vielleicht gebildet haben, als Sie noch keine Ahnung hatten, wie Sie mit den Dingen umgehen sollten. Es ist gut, wenn Sie vermeiden, dieselbe Geschichte immer wieder zu „durchleben", indem Sie neue Wege entdecken, wie Sie darauf reagieren können.

Es hilft wirklich, wenn Sie durch eine Beziehung zu einer verantwortlichen elternähnlichen Figur wachsen, die weiß, was das Beste für Sie ist und Ihnen auf eine weit weniger konditionierte Weise helfen kann. Aber auf lange Sicht geht es darum, die Vergangenheit loszulassen, statt sich von ihr kontrollieren zu lassen.

Ein Teil der Lösung besteht darin, zwischen gegenwärtigen Situationen und vergangenen Situationen zu unterscheiden. Sie können auch zwischen dem hilflosen Kind, das Sie einmal waren und dem zunehmend selbstberuhigenden Erwachsenen, zu dem Sie werden, unterscheiden.

Ein häufiges Muster bei Menschen, die von kontrollierenden Eltern erzogen wurden, ist die Vorstellung, dass sie tun müssen, was jemand anderes will, nur weil diese Person verärgert ist oder weil sie sich kalt oder unvernünftig verhält. Solche Muster führen oft zu einer ungesunden Unterdrückung von gesundem Ärger und einem Mangel an Durchsetzungsvermögen.

Es gibt keinen Ersatz für einen guten Therapeuten, aber Sie können eine Menge Gutes tun, indem Sie sich einfach für sich selbst öffnen. Das Ziel ist es, zu lernen, wie man die Vergangenheit loslassen kann, anstatt sich von ihr bestimmen zu lassen. Es gibt nicht den einen Weg dorthin, aber es gibt ein paar Techniken, die helfen können.

Die erste besteht darin, die Auslöser zu identifizieren, die Sie weiterhin negativ mit der Vergangenheit verbinden. Dies sind die Verhaltensweisen, Menschen oder Gewohnheiten, die all die schlechten Dinge hochbringen, durch die Sie sich mies und ungeliebt fühlen.

Wenn wir lernen, Auslöser und Muster zu erkennen, bevor sie auftreten, können wir auch die Illusionen loslassen, die der Kern unserer emotionalen Abhängigkeit sind. Wenn Sie beginnen, die Gründe für Ihre Reaktionen zu erkennen, beginnen Sie, die Welt so zu sehen, wie sie ist und nicht so, wie Sie sie gerne hätten. Das ist das Geheimnis, um uns selbst zu finden. Allerdings müssen wir zuerst auf dieselbe Ebene kommen und das ist oft der schwierigste Teil.

15. Erkennen und bewältigen Sie jegliche rücksichtslose Impulsivität.

Emotionale Abhängigkeit kann intensive, überwältigende und verwirrende Gefühle hervorrufen. Auf diesen inneren Zustand impulsiv zu reagieren, kann sehr gefährlich sein. Was plötzlich wie eine großartige Idee erscheint, wenn Sie in einer „reaktiven" Stimmung sind, könnte sich als eine wirklich schlechte Idee herausstellen und deshalb lohnt es sich, dies zu erkennen und einen Schritt zurückzutreten.

Es ist üblich, auf emotionale Überwältigung zu reagieren, indem man entweder denkt: „Ich kann das nicht eine einzige Sekunde lang ertragen" oder „Das bin ich jetzt und ich werde mich immer so fühlen". Die gute Nachricht ist, dass keine dieser automatischen Überzeugungen wahr ist, denn sich schrecklich zu fühlen ist ein Prozess, der vielleicht ein paar Höhen und Tiefen hat, aber schließlich seinen Lauf nehmen wird.

Sobald Sie sich viel ruhiger fühlen, können Sie die Dinge sorgfältig durchdenken. Aber sich bedürftig, aufgebracht, traurig, gestresst oder wütend zu fühlen, ist keine gute Grundlage, um wichtige Schlüsse zu ziehen oder große Entscheidungen zu treffen. Um Konsequenzen zu vermeiden, die Sie möglicherweise bereuen, ist es gut, den Rat von Winston Churchill zu beherzigen: „Wenn du durch die Hölle gehst, geh weiter".

Wenn Sie von intensiven Gefühlen gepackt werden, könnten Sie denken, dass diese nie wieder weggehen. Aber die Wahrheit ist, dass sie früher oder später immer verschwinden, wenn Sie ihnen genug Zeit geben. Deshalb erinnern sich die Menschen oft daran, dass „auch dies vorübergehen wird" und warten es ab, anstatt etwas Leichtsinniges zu tun, um dem zu entkommen, was sie ohnehin durchmachen müssen.

Die Ironie ist, dass verzweifeltes Reagieren, um Gefühle verschwinden zu lassen, oft die Probleme mit Menschen eskalieren lässt. Anstatt sich in einen möglicherweise nicht enden wollenden Kreislauf des Dramas zu verstricken, ist es besser, alle intensiven Gefühle durch privates emotionales Tagebuchschreiben auszudrücken, bis Sie in einer vollständig erholten Position sind, um viel vorsichtiger zu kommunizieren.

Es kann zwar gut sein, einige Gefühle und Bedürfnisse anderen gegenüber auszudrücken, aber tun Sie dies in Kombination mit mitfühlendem Verständnis, mitfühlender Aufmerksamkeit und liebevoller Ansprache. Und natürlich ist es wichtig, auch mit sich selbst mitzufühlen.

16. Erkennen Sie, wann Sie anfangen, zu anhänglich zu sein.

Ein wenig Selbstbeobachtung kann Ihnen helfen, Muster der Abhängigkeit in Ihren Gedanken oder Ihrem Verhalten zu erkennen, an deren Überwindung Sie arbeiten können. Ein Beispiel könnte die Haltung sein, von anderen Menschen „alles oder nichts" zu wollen, anstatt wirklich das zu schätzen, was in aufrichtiger Dankbarkeit angeboten wird.

Anzeichen für eine verfrühte Anhänglichkeit können ein Gefühl von Leichtsinn oder Sentimentalität sein, ein besitzergreifendes Gefühl, jemanden ganz für sich allein haben zu wollen, ein träumerisches Verlangen und eine Tendenz zum Fantasieren. Keines dieser Dinge muss tatsächlich ein Problem sein, aber Sie könnten sich selbst dazu verleiten, etwas vorschnell zu sein.

Sie können auch erkennen, wie Sie anfangen, darüber nachzudenken, was Sie wollen, so dass Sie einiges von diesem abhängigen Denken schon im Keim ersticken können. Zu viel Zeit oder Energie damit zu verbringen, sich auf das zu konzentrieren, was gut für Sie sein könnte, mag positiv, aufregend oder inspirierend erscheinen, aber es kann aus einem Grund gefährlich sein. Wie C. S. Lewis es ausdrückte: „Lass dein Glück nicht von etwas abhängen, das du verlieren könntest".

Wenn Sie jemanden neu kennenlernen, ist ein weiteres Anzeichen dafür, dass Sie zu anhänglich sind, dass Sie sich scheinbar viel mehr für den anderen interessieren als er für Sie. Auch wenn Sie nichts dafür können, so können Sie Ihren Grad des Interesses beeinflussen und es kann eine gute Idee sein, sich ungefähr auf das gleiche Niveau wie seines zu begeben.

Wir könnten dies das Prinzip der gesunden Gegenseitigkeit nennen. Einer meiner persönlichen Slogans im Leben lautet: „Ich bin nicht scharf auf Leute, die nicht scharf auf mich sind". Diese Denkweise ist nützlich, weil sie mich davon abhält, zu viel Zeit oder Energie an Menschen zu verschwenden, die nicht wirklich verstehen oder schätzen können, was ich zu bieten habe.

Wenn Sie sich zu früh an jemanden binden, dann geben Sie ihm voreilig einen Grad an Wichtigkeit, den er vielleicht noch nicht verdient hat. Deshalb müssen Sie sich selbst und der Person mehr Abstand geben, um zu vermeiden, dass Sie die Interaktion mit ihr überbewerten. Je früher Sie sich dieses Risiko bewusst machen, desto leichter ist es, Anhänglichkeit zu vermeiden.

17. Vermeiden Sie es, sich von der Lust mitreißen zu lassen.

Es ist leicht, sich von der Idee hinreißen zu lassen, die Dinge auf eine bestimmte Weise haben zu wollen. Ein Teil der Lösung besteht darin, zu beobachten, was Sie dazu bringt, sich tiefer in ein solches Verlangen hineinzuziehen. Wenn Sie beispielsweise jemanden neu kennenlernen, dann stellen Sie vielleicht fest, dass das häufige Schauen in die Augen oder die Fokussierung auf den Körper dazu führt, dass Sie sich körperlich süchtig fühlen. Es kann Ihnen also schon helfen, dieses Verhalten mehr oder weniger zu unterbinden, um weiter distanziert zu bleiben.

Auch das Vermeiden von Alkohol in diesen Situationen ist sinnvoll. Sobald Sie erkennen, dass etwas Sie noch süchtiger machen könnte, besteht die Lösung darin, weniger davon zu wollen, anstatt mehr davon. Sie wollen vermeiden, dass Sie Ihre gewohnte gesunde Selbstbeherrschung verlieren, während Sie von der Lust mitgerissen werden.

Ein sehr häufiger psychologischer Aspekt des romantischen Begehrens ist die Fixierung, eine zwanghafte oder ausschließliche Konzentration auf eine bestimmte Person oder Sache. Ohne es zu merken, fixieren Sie sich vielleicht auf jemanden, indem Sie sich vorstellen, dass er oder sie „der/die Eine" sein könnte.

Ein weiterer Aspekt des weit hergeholten Verlangens könnte die Illusion der unmittelbaren Dringlichkeit sein, das eher ungeduldige Gefühl, dass etwas sofort oder sehr bald geschehen muss. Das Verlangen nach sofortiger Befriedigung kann eine Gewohnheit sein oder einfach das Ergebnis davon, dass Sie Ihren Gefühlen entkommen wollen, anstatt sich mit ihnen auseinanderzusetzen. Aber vielleicht ist es besser zu sagen: „Etwas in dieser Richtung wäre irgendwann toll, aber ich kann im Moment auch gut ohne es leben".

Auf diese Weise können Sie eine Fixierung vermeiden, indem Sie den Fokus Ihres Wunsches erweitern, anstatt ihn zu verengen. Anstatt zu denken „Wann wirst du endlich mir gehören?", fühlen Sie sich ruhiger, wenn Sie zu dem Schluss kommen: „Ja, was dieses Gefühl über ihn zeigt, ist, dass es gut sein könnte, irgendwann einen netten Mann/Frau zu treffen, vielleicht einen, der ein bisschen wie er ist".

Eine weitere Möglichkeit, sich selbst davon abzuhalten, sich mitreißen zu lassen, besteht darin, auf jede Tendenz zum Fantasieren zu achten. Selbst wenn Sie eine gute Verbindung mit jemandem erlebt haben, hat es ihm vielleicht nicht so viel bedeutet. Und während Sie in Ihrer Fantasie etwas aufbauen, ist er vielleicht schon wieder in sein Leben zurückgekehrt und hat alles vergessen.

Was völlig erstaunlich und die Antwort auf all Ihre Probleme zu sein scheint, kann sich als überraschend schlecht für Sie herausstellen. Und doch hat Verzweiflung eine Art, die Dinge ganz anders, dringlich und unanfechtbar erscheinen zu lassen. Es ist leicht, sich von ersten Eindrücken über neue Menschen beeinflussen zu lassen und zu vergessen, dass nicht alles Gold ist, was glänzt. Sie kennen das vielleicht:

- Sie verwechseln „mich zu jemandem hingezogen fühlen" mit „er ist der Richtige für mich".
- Sie verwechseln eine starke Schwärmerei oder visuelle Anziehung mit einer tiefergehenden Anziehung.
- Sie verwechseln Verliebtheit/Schwärmerei oder Besessenheit damit, eine Person wirklich zu kennen und zu lieben.
- Sie verwechseln den Eindruck, den Sie von jemandem haben, mit dem Wissen, wie er oder sie wirklich ist.
- Sie verwechseln, bestimmte Dinge von jemandem zu mögen damit, ihn wirklich als gesamte Person zu lieben.
- Sie verwechseln Ihre Unsicherheit, innere Leere, Einsamkeit oder Wunschdenken mit echter Liebe.
- Sie verwechseln die Angst vor dem Verlassenwerden damit, dass jemand der Richtige für Sie ist.
- Sie verwechseln Kindheitstraumata damit, dass jemand der Richtige für Sie ist.

Es ist auch sehr leicht, einen schönen Moment tiefer Verbundenheit mit der Vorstellung zu verwechseln, dass Ihre Beziehung mit jemandem „auf die nächste Stufe gestiegen" ist. Menschen können wankelmütig sein. Beziehungen haben ihre Höhen und Tiefen und selbst wenn sich Intimität gut anfühlt, kann sie unerwartete Probleme aufwerfen, die schließlich eine größere Distanz schaffen.

Es ist nicht ganz richtig zu glauben, dass jemand Sie auf jeden Fall glücklich machen wird, selbst wenn er zur Hauptquelle Ihrer Freude wird. Was passiert, ist, dass Sie Ihr Glück von dieser Person abhängig machen und diese Abhängigkeit kann Sie unglücklich machen. Je mehr Sie sich auf das konzentrieren, von dem Sie glauben, dass es Sie „glücklich macht", desto mehr beginnen Sie, davon abhängig zu werden.

Sie können die Bedürftigkeit sogar in Ihren Alltagsgedanken erkennen und loslassen. Eine Möglichkeit, das anzugehen, ist, Ihre Sprache zu ändern. Anstatt zu sagen „Ich muss", könnten Sie anfangen zu sagen „Ich möchte".

18. Betrachten Sie die Loslösung vom Verlangen als eine Form der Selbstbefreiung.

Obwohl es absolut wichtig ist, sich um unsere Grundbedürfnisse zu kümmern, besteht eine der Gefahren des menschlichen Zustands darin, dass der Verstand uns immer wieder einreden kann, dass wir nicht genug haben und mehr brauchen. Das Verlangen kann unersättlich werden und das passiert oft ziemlich bald, nachdem wir genau das bekommen haben, von dem wir glaubten, es würde uns dauerhafte Befriedigung bringen.

Manche unserer Wünsche können als eine Art innerer Tyrann angesehen werden, der uns auf unvernünftigste Weise sagt, was wir tun sollen. Es mag manchmal möglich sein, sich zu lösen, indem man diese inneren Forderungen so betrachtet, als kämen sie von außen.

Es ist jedoch besser zu erkennen, dass dieser Teil Ihres Verstandes eine positive Absicht hat: Er will nur das, wovon er wirklich glaubt, dass es das Beste für Sie ist. Und so können Sie ihn mit Mitgefühl und Verständnis betrachten, während Sie ihn gleichzeitig als außerhalb Ihres wahren Selbst sehen und erkennen, dass sein Beharren vielleicht ein wenig fehlgeleitet und wenig hilfreich ist.

Wenn Sie Ihr Verlangen als Teil von sich selbst sehen, dann haben Sie fast keine andere Wahl, als danach zu handeln, da Sie es einfach als „Das, was ich will" betrachten. Wenn Sie Ihr Verlangen jedoch als etwas außerhalb von Ihnen sehen, das Sie dazu drängt, etwas zu tun, dann haben Sie eher die Chance, sich von jeglicher Unterwürfigkeit ihm gegenüber zu befreien.

Einige unserer grundlegendsten Impulse können als Ergebnis des Prozesses der natürlichen Auslese betrachtet werden. Sie sind darauf ausgerichtet, alles zu tun, was nötig ist, um unsere Gene an die nächste Generation weiterzugeben. Es gibt jedoch viele Beispiele für Situationen, in denen das blinde Befolgen dieser Impulse uns oder anderen nicht zu einem erfüllten Leben verhilft.

Ein einfaches Beispiel ist eine Person, die eine gesellschaftliche Veranstaltung besucht, in der Hoffnung, einen guten Freund zu finden. Zu ihrer Rechten sitzt eine andere nette Person, die viele gemeinsame Interessen mit ihr teilt. Zu ihrer Linken sitzt jemand, mit dem sie sich gar nicht verstehen würde, den sie aber körperlich sehr attraktiv findet. Worauf wird sie sich wohl eher konzentrieren?

Ihre Gefühle könnten sie dazu drängen, nach links zu schauen, obwohl die Konzentration auf die andere Person wahrscheinlich eher gut für ihr langfristiges Wohlbefinden wäre. Das liegt daran, dass Gefühle oft dazu benutzt werden, uns auszutricksen, damit wir das tun, was der natürlichen Auslese dient. Es ist eher so, als würden wir von einem Meister hypnotisiert oder getäuscht werden, der sich gar nicht wirklich um uns kümmert.

Manchmal ist es möglich, das Verlangen loszulassen, indem wir unseren Fokus absichtlich wegschieben. Aber wenn Widerstand das Verlangen nur stärker macht, dann kann es helfen, sein Drängen eine Weile ruhig zu beobachten oder zu untersuchen und sich davon zu lösen, indem wir es als eine interessante Erfahrung außerhalb von uns selbst betrachten und nicht als ein inneres Kommando, dem man gehorchen muss.

19. Erkennen Sie die Weigerung, glücklich zu sein und lassen Sie sie los.

Wir alle erleben manchmal ein Gefühl, das man auf einer unterbewussten Ebene mit einem Kind erklären könnte, das auf und ab springt und schreit „Ich will mein Eis!". Das Kind mag verwöhnt wirken, aber es ist wahrscheinlicher, dass es sehr verzweifelt ist und wirklich glaubt, dass es Eiscreme haben muss, um sich wieder gut zu fühlen.

Für jeden Erwachsenen, der die Szene beobachtet, ist es offensichtlich, dass es dem Kind auch ohne ein Eis gut gehen könnte. Und so ist es wichtig, das Kind in sich selbst zu beobachten und zu erkennen, wann man sein eigenes Wohlbefinden durch das Beharren auf etwas, auf das man verzichten kann, in Mitleidenschaft zieht, denn dieser innere Wutanfall kann lebenszerstörend werden.

Wieder ist es wichtig, dies mit Mitgefühl zu tun. Ihr inneres Kind ist müde von all dem Schmerz und der Not und glaubt, dass die Antwort darin besteht, für das zu kämpfen, was es will. Das ist völlig verständlich und deshalb ist es wichtig, mit Freundlichkeit zu reagieren. Denn das ist es, was wirklich gebraucht wird. Erst wenn Sie das getan haben, können Sie die Forderung loslassen.

Es lohnt sich, daran zu denken, dass wir oft große Momente der Entspannung oder Freude erleben können, ohne dass wir einen besonderen Grund für das gute Gefühl haben müssen. Aber wenn wir uns von

Wünschen hinreißen lassen, kann ein Teil des Verstandes anfangen, sich zu weigern, sich gut zu fühlen. Und zwar ohne etwas zu haben, von dem er glaubt, dass wir es haben müssen, um glücklich zu sein.

Ohne das, was Sie wollten einverstanden zu sein, bedeutet nicht, dass Sie Ihre Hoffnungen und Träume aufgegeben haben. Es bedeutet nur, dass Sie bereit sind, das Beste aus jeder Situation zu machen, auch wenn es nicht das ist, was Sie bevorzugt hätten. Und in gewisser Weise könnte diese flexible Einstellung als das Geheimnis wahren Glücks, Gelassenheit oder Wohlbefindens angesehen werden.

Anstatt zu denken: „Was habe ich schon, um glücklich zu sein?", ist es besser, sich die Idee zu eigen zu machen, sich einfach nur zu entspannen und einfach nur fröhlich zu sein. Sich selbst zu erlauben, sich wann immer möglich und trotz der Art und Weise, wie die Umstände sind, gut zu fühlen, ist das, was Sie weniger abhängig von ihnen macht.

Zu erkennen, wovon Sie in letzter Zeit Ihr Wohlbefinden abhängig gemacht haben, kann ein Augenöffner sein. Zum Beispiel kann ein beunruhigender Gedanke wie „Die Leute machen mich verrückt!" bis zu einem gewissen Grad wahr sein. Aber er könnte auch umgedeutet werden als „Ich bestehe darauf, dass alle um mich herum toll sind", was eindeutig ein wenig zu abhängig und unrealistisch ist.

Ein anderes Beispiel könnte sein: „Nichts ergibt einen Sinn!", was eine andere Art ist zu sagen: „Ich bestehe darauf, dass alles immer einen Sinn ergibt" und nicht unbedingt notwendig ist. Zu erkennen, welche willkürlichen Bedingungen Sie immer wieder an Ihre eigene Gelassenheit knüpfen, kann Ihren Geist zunehmend befreien und Ihre Belastbarkeit durch größere Flexibilität verbessern.

20. Loslassen des Bedürfnisses, andere zu kontrollieren.

Je weniger Sie in der Lage oder willens sind, für sich selbst zu tun, desto leerer fühlen Sie sich wahrscheinlich innerlich und desto mehr sind Sie dann versucht, andere Menschen zu kontrollieren, damit diese stattdessen Dinge für Sie tun. Aus diesem Grund kämpfen emotional abhängige Menschen sehr oft mit einer damit verbundenen Sucht, andere Menschen zu kontrollieren.

Selbst wenn Sie einen edlen Grund haben, jemanden beeinflussen zu wollen, wird der Versuch, seine Freiheit einzuschränken, wahrscheinlich einen negativen Effekt darauf haben, wie er Sie wahrnimmt. Es kann sein, dass er Sie mit dem unangenehmen Gefühl in Verbindung bringt, manipuliert oder unter Druck gesetzt zu werden, etwas gegen seinen Willen zu tun und vielleicht sogar anfangen, Sie insgeheim zu verabscheuen.

Einige unserer Gedanken können verdeckte Formen der Kontrolle sein, die auf dem basieren, was wir fälschlicherweise glauben. Die Lösung besteht darin, zu erkennen, ob wir insgeheim eine Forderung stellen und sie in eine etwas sanftere Bitte umzuwandeln.

Natürlich können bestimmte Äußerungen Ausdruck eines berechtigten Anliegens sein und sind nicht immer gleichbedeutend mit unbewusst unterdrückten Forderungen. Aber ein gutes Zeichen dafür, dass Sie tatsächlich etwas zu energisch, kontrollierend, fordernd, beharrlich oder aufdringlich sind, ist, dass Sie ein begleitendes körperliches „drängendes" Druckgefühl in Ihrem Körper spüren.

Es ist auch möglich, ein „ziehendes" Gefühl zu verspüren, was oft bedeutet, dass eine Form von Widerstand uns dazu veranlasst, auf dem zu bestehen, von dem wir glauben, dass wir es brauchen. Wenn Sie zum Beispiel unbewusst glauben, dass Sie sterben oder völlig hilflos sein könnten, wenn Sie nicht bekommen, was Sie wollen, dann wird Ihr Beharren wahrscheinlich von diesem widerständigen Glaubenssatz angetrieben.

Ein Teil der Lösung besteht darin, zu erkennen, dass das Verhalten von Menschen oft so unvorhersehbar oder unkontrollierbar ist wie das Wetter. Das ist nicht immer der Fall, aber es ist wichtig, zu erkennen, wann es der Fall ist und zur Seite zu treten. Sie mögen traurig sein, weil Sie auf Sonnenschein gehofft haben, aber das bedeutet nicht, dass es sich lohnt, sich über den Regen zu ärgern.

Ein ebenso wichtiger Teil der Lösung ist jedoch, die Wut anzuerkennen, wann immer sie auftaucht. Anstatt die Wut zu unterdrücken und ihr zu erlauben, Sie unbewusst zu kontrollieren, ist es besser, bewusst zu erkennen, wann Sie sich wütend fühlen und sich zu erlauben, es vollständig zu fühlen.

Ein guter Weg, sich mit der Wut anzufreunden, ist zu sagen: „Ich fühle mich wütend über diese Sache – und das ist in Ordnung". Die Erkenntnis, dass Wut völlig verständlich und weder gut noch schlecht ist, erlaubt Ihnen dann zu sagen: „Jetzt habe ich die Wahl. Ich kann entweder etwas Vernünftiges tun, um zu versuchen, diese Situation zu verbessern, oder ich kann versuchen, loszulassen und mich damit abzufinden, wie es ist".

Wut ist dazu da, Sie wissen zu lassen, dass etwas nicht gut für Sie ist und Ihnen einen kräftigen Energieschub zu geben, der Sie dazu drängt, etwas zu unternehmen. Aber wenn es nichts gibt, was Sie realistischerweise tun können, um die Situation zu verbessern, dann können Sie sich von dem Bedürfnis befreien, sie zu kontrollieren, indem Sie diese Energie in ein Versprechen kanalisieren, besser für sich selbst zu sorgen.

21. Erkennen Sie, wann Ihre inneren Reaktionen Sie noch abhängiger machen.

Abgesehen davon, dass sie auf manchen Dingen zu sehr beharren, haben abhängige Menschen oft eine übermäßig abhängige Haltung des Widerstands. Es ist leicht zu glauben, dass etwas unerträglich oder unbeherrschbar ist, wenn es in Wirklichkeit gehandhabt werden könnte. Solch unnötiger, angstmachender Widerstand kann genauso viel Leid verursachen wie unnötiges Beharren.

Immer wenn wir denken, dass wir etwas brauchen, fangen wir eher an, uns vorzustellen, dass es ein Problem sein könnte, es nicht zu haben. Wir fangen vielleicht an, uns die Situation als ernster, drastischer oder katastrophaler vorzustellen, als sie sein müsste. Und das macht es wahrscheinlicher, dass wir auf etwas beharren, anstatt sanft und gelassen zu sein.

Ein Teil der Lösung besteht darin, zu üben, die Dinge ins richtige Verhältnis zu setzen. Viele herausfordernde Situationen können als „eher lästig als schrecklich", „stressig, aber nicht unbeherrschbar" oder „schade, aber nicht unbedingt eine Tragödie" betrachtet werden. Eine gute Frage, die man sich stellen könnte, wäre: „Macht mein Widerstand die Situation schlimmer?".

Das bedeutet nicht, dass Sie anfangen sollten, sich selbst zu kritisieren, sobald Sie sich bedrängt fühlen. Es ist wichtig, die Selbstliebe an die erste Stelle zu setzen. Aber sobald Sie sich vollständig ausgedrückt und beruhigt haben, kann es sich lohnen, darüber nachzudenken, ob unnötiger Widerstand oder Beharrlichkeit eine Rolle bei Ihrer Notlage gespielt haben.

Ich will damit nicht sagen, dass ein Gefühl der Beharrlichkeit oder des Widerstands immer etwas Schlechtes ist, denn es könnte uns dazu inspirieren, wirklich vernünftige Maßnahmen zu ergreifen, um eine Situation für uns selbst oder andere zu verbessern. Aber es lohnt sich immer zu erkennen, wenn eine innere Haltung von übermäßigem Widerstand oder Beharrlichkeit Leiden schafft, indem sie die Dinge noch schlimmer macht.

Es kann sein, dass wir zu sehr darauf beharren oder Widerstand leisten, weil unser Verstand etwas die falsche Bedeutung gibt. Zum Beispiel glauben Sie vielleicht unbewusst, dass es Ihnen nur dann gut gehen kann, wenn jemand Sie mag, oder dass, wenn er Sie nicht mag, das bedeuten muss, dass Sie eine schreckliche Person sind. Jeder Situation eine solch drastische Bedeutung zu geben, kann Sie abhängiger machen.

22. Verantwortung für abhängige Überzeugungen und Einstellungen übernehmen.

Es ist sehr leicht, plötzlich psychisch süchtig nach irgendetwas zu werden, beispielsweise nach körperlicher Intimität und äußerer Aufmerksamkeit, Freundlichkeit, Sympathie, Kameradschaft oder Anerkennung. Niemand kann sich selbst die Schuld geben, wenn das passiert, weil man es oft tut, ohne sich der genauen Rolle bewusst zu sein, die man dabei gespielt hat.

Wenn Sie anfangen, sich einzureden, dass Sie etwas „brauchen", dann wird dies wahrscheinlich Ihre mentale Realität erheblich verändern. Sie können sich alles einreden, aber es ist gut, wenn Sie die

Verantwortung dafür übernehmen. Wenn Sie von etwas abhängig sind, erschafft Ihr Geist sein eigenes spezielles System der Selbstbelohnung und Selbstbestrafung darum herum.

Ich könnte mir zum Beispiel immer und immer wieder sagen, dass ich eine schwarze Katze über die Straße laufen sehen „muss". Wenn ich wirklich anfange, das zu glauben und darauf zu hoffen, dann wird das meine Gefühle beeinflussen. Wenn ich die schwarze Katze sehe, fühle ich mich vielleicht sogar glücklich, weil ich endlich das bekommen habe, was ich „brauchte“.

Ich könnte sagen, dass die schwarze Katze mich glücklich macht, aber das ist nicht wirklich wahr. Ich machte mein Glück von ihr abhängig, indem ich mir einredete, sie sei das, was ich am meisten auf der Welt brauche. Ich belohnte mich mit wunscherfüllendem Glück, wenn ich die schwarze Katze sah und bestrafte mich mit einem Gefühl der Frustration und Enttäuschung, wenn ich sie nicht sah.

Wenn Sie das mit einer Person tun, dann haben Sie sie zu einer Art Objekt gemacht, einem geistigen Objekt, das als Objekt der Begierde bekannt ist. Sie wissen vielleicht nicht wirklich, wie sie ist, aber Ihre Vorstellungskraft hat die Möglichkeit ergriffen, dass sie gut für Sie sein könnte und diese bloße Möglichkeit kann ausreichen, um Ihren Verstand mit Vorfreude wild zu machen.

23. Hinterfragen Sie gängige kulturelle Annahmen über die Natur der Liebe.

Wir fühlen uns vielleicht durch persönliche, kulturelle oder populäre Vorurteile unterstützt, die eine Art von Wert darin zu bestätigen scheinen, den schlüpfrigen Hang der Abhängigkeit hinunterzugleiten. Sich „Hals über Kopf" wahnsinnig verliebt zu haben, mag eher aufregend erscheinen als riskant, unklug und lediglich ein Zeichen von vorausgehender Einsamkeit oder Selbstvernachlässigung.

Es ist leicht zu vergessen, dass romantische Lieder, Bücher und Filme oft eine etwas naive und pubertäre Verherrlichung ungesunder Bedürftigkeit beinhalten. Abhängigkeit erzeugt starke und süchtig machende Emotionen. Aber, so schön eine gesunde Liebe auch sein kann, eine solche unausgewogene Sehnsucht ist nicht etwas, das idealisiert oder als magisch angesehen werden muss.

Die Gefahr, romantisch zu sein, besteht darin, dass es dazu führen kann, dass Sie sich in jemanden verlieben wollen. Und zwar unabhängig davon, ob es gut für Sie ist, ihn zu lieben und ob Ihre Gefühle erwidert werden oder nicht. Romantik möchte, dass Sie süchtig werden und es stellt den Zustand des Süchtig-Seins als etwas Schönes dar, nach dem die Menschen streben sollten.

24. Menschen von ihren Sockeln holen.

Häufige Probleme in Verbindung mit Abhängigkeit sind ein geringes Selbstwertgefühl und ein Mangel an Durchsetzungsvermögen. Dies kann durch eine Reihe verschiedener Faktoren verursacht werden, ist aber häufig das Ergebnis davon, dass Menschen schon in sehr jungen Jahren beigebracht wird, dass sie sich nicht vollständig ausdrücken oder durchsetzen dürfen oder einfach nicht die Person sein dürfen, die sie wirklich sind.

Kinder, die in irgendeiner Weise emotional geschädigt werden, haben normalerweise keine andere Wahl, als zu akzeptieren, was ihnen angetan wird. Sie befinden sich in einer natürlichen Position, in der sie sowohl körperlich als auch geistig zu denjenigen aufschauen, die sie vernachlässigen oder misshandeln. Wenn sie erwachsen werden, tragen sie dann dieses Modell der kindlichen Hilflosigkeit mit sich, wohin sie auch gehen. Dies kann zu einer Tendenz führen, zu sehr zuzustimmen, zu viel Mitgefühl zu zeigen, zu viel zu geben oder zu viele Entschuldigungen für das aggressive oder manipulative Verhalten anderer zu finden. Der beste Weg, Selbstachtung zu kultivieren, ist, damit zu beginnen, sich selbst zu respektieren, was bedeutet, die eigenen Gefühle, Bedürfnisse, Ansichten, Rechte und persönlichen Grenzen zu respektieren.

Auch wenn Sie sich manchmal wertlos fühlen, vergessen Sie nie, dass Sie ein gleichwertiges Mitglied der Gesellschaft sind, das ein Recht auf den gleichen Respekt, die gleiche Würde und Rücksichtnahme hat wie jeder andere. Es ist wichtig, den Leuten mitzuteilen, wenn Sie nicht einverstanden sind oder wenn etwas nicht gut für Sie ist. Ich nenne dies „die Macht des Neins".

Hier sind einige typische Gedanken, die emotional misshandelte Kinder verlernen müssen:

- „Ich liege grundsätzlich falsch, also muss das, was andere sagen, richtig sein."
- „Ich bin wertlos, also muss ich andere als würdiger behandeln als mich."
- „Ich bin schlecht oder schuldig, also dürfen andere der oberste Richter über mich sein."
- „Ich habe keine Rechte, also haben andere das Recht, auf mir herumzutrampeln."
- „Meine Bedürfnisse sind nicht wichtig, also muss ich tun, was andere wollen."
- „Meine Probleme sind nicht wichtig, also muss ich mich um die Probleme anderer Leute kümmern."

Die Umkehrung solcher Überzeugungen ist ein großer Schritt zu mehr Durchsetzungsvermögen. Sie sind nicht länger ein hilfloses Kind, sondern ein erwachsener Überlebenskünstler, der das Gefühl entwickelt, Situationen effektiv bewältigen zu können, indem er ausdrucksstark, ehrlich, direkt, geradlinig, ruhig, freundlich, überzeugend, reaktionsschnell und einfallsreich ist.

Sie können sich auch selbst Kraft geben, indem Sie unangemessenes Verhalten aus einer unabhängigen Position der kritischen Auseinandersetzung und selbstachtenden Fairness betrachten. Wenn sich jemand aggressiv oder manipulativ verhält, schauen Sie insgeheim auf das, was er tut, als ziemlich erbärmlich, lächerlich und unbewusst selbstverachtend herab.

Sie müssen nicht unbedingt auf die Person herabsehen, denn es könnte stichhaltige kausale Gründe geben, warum sie ignorant, verwirrt, gedankenlos oder gestört ist. Aber es ist trotzdem wichtig, jedes ernsthafte Problem oder jede Bedrohung in ihrem Verhalten zu erkennen und damit auf eine durchsetzungsfähige und ausgewogene Weise umzugehen, die die Dinge für Sie realistisch verbessern kann.

25. Arbeiten Sie daran, eine authentische, unabhängige Denkweise zu entwickeln.

Wenn man darüber nachdenkt, individualisieren sich Kinder teilweise durch Meinungsverschiedenheiten. Gelegentlich „Nein" zu sagen, macht Sie zu einem Individuum und nicht zu einem totalen Konformisten. Und so sollten Sie bei fast jedem Thema immer fragen: „Was denke ich eigentlich darüber?", anstatt sich sofort auf das zu berufen, was jemand anderes vielleicht denkt.

Viele emotional abhängige Menschen betrachten sich manchmal automatisch aus dem Blickwinkel eines anderen. Wenn sich beispielsweise jemand anderes ihnen gegenüber unfair verhält, dann kann es sein, dass sie sich zu sehr in die Perspektive dieser unfairen Person hineinversetzen und vergessen, dass es viel wichtiger ist, sich eine eigene, unabhängige Sichtweise zu bilden.

Wenn die Abhängigkeit einer Person von einem schlechten Elternteil verursacht wurde, dann wird sie sich oft weiterhin aus der Perspektive dieses schlechten Elternteils betrachten. Die Lösung besteht darin, eine späte Teenager-Rebellion zu starten, indem man dem schlechten Elternteil widerspricht, der jetzt hauptsächlich in ihrem eigenen Kopf existiert. Sie können diese veralteten Ansichten durch bessere ersetzen, die teilweise auf Freundlichkeit basieren: „Von jetzt an bin ich derjenige, der entscheidet, was ich über die Dinge denke".

Das bedeutet, dass Sie Ihre Sicht auf sich selbst in die Hand nehmen und dies im Geiste der Fairness und Konsequenz tun. Wenn Sie zum Beispiel niemals jemand anderen dafür verurteilen würden, dass er in der gleichen Situation ist wie Sie selbst, dann gibt es ebenso wenig einen Grund, sich selbst dafür zu verurteilen, dass Sie in dieser Situation sind.

Es bedeutet auch, dass Sie anfangen können, es zu wagen, anderen Menschen öfter zu widersprechen, nicht nur um des Widersprechens willen, sondern um Ihrem wahren Selbst treu zu bleiben. Eine Maske zu tragen, nur um anderen zu gefallen, kann in manchen Situationen humorvoll als notwendig akzeptiert werden, aber in der Regel ist es am besten als eine Form des Selbstbetrugs anzusehen.

Das bedeutet nicht, dass es Ihr Ziel sein sollte, unnötige Kriege zu beginnen oder sich selbst in Gefahr zu bringen. Aber eine bessere Durchsetzungsfähigkeit beginnt oft damit, dass man sich erlaubt, ehrlich anderer Meinung zu sein; dass man bemerkt, wenn man anderer Meinung ist und dass man bereit ist, seine Meinungsverschiedenheiten ruhig und vernünftig auszudrücken, ganz gleich, für wen sich die andere Person hält.

Einer der Gründe, warum manche abhängige Menschen eine Maske tragen, ist, dass sie Ablehnung fürchten. Wenn Sie lernen, Ihr wahres Selbst in einer Selbsthilfegruppe auszudrücken, können Sie das Selbstvertrauen und die Fähigkeit aufbauen, mehr von der echten sozialen Akzeptanz zu bekommen, die Ihr wahres Selbst will und verdient.

In der Psychologie geht es zu einem großen Teil darum, sich einfach zu erlauben, der zu sein, der man bereits ist. Sie mögen sich selbst als das Problem betrachten, aber in Wirklichkeit sind Sie die Lösung. Und je mehr Sie erkennen, dass Sie selbst die Lösung sind, desto weniger werden Sie das Gefühl haben, auf die Erlaubnis oder Anerkennung anderer angewiesen zu sein, nur um Sie selbst zu sein.

26. Entwickeln Sie ein größeres Gefühl für selbstbewusste Verantwortung.

Wenn Sie es nicht gewohnt sind, durchsetzungsfähig zu sein, dann sind Sie vielleicht daran gewöhnt, viele Probleme in Bezug auf das Verhalten anderer Menschen zu sehen und nicht in Bezug auf Ihre eigene Fähigkeit zu reagieren. Wenn Sie zum Beispiel von jemandem missverstanden werden, konzentrieren Sie sich vielleicht darauf, wie unfair er sich verhält, anstatt das als Gelegenheit zu sehen, sich zu erklären.

Wenn der Gedanke, für sich selbst einzustehen, fremd oder beängstigend erscheint, dann gewöhnt man sich eine sehr passive und mutlose Mentalität an, bei der man davon ausgeht, dass andere Menschen einfach über einen hinweggehen können und dass man selbst nichts dagegen tun kann. Dies kann verständlicherweise hilflose Gefühle von Angst, Furcht, Verzweiflung, Wut oder sogar Hass auslösen.

Wenn Sie davon ausgehen, dass Sie ein machtloses Opfer sind, dann wird sich Ihr ganzer Fokus wahrscheinlich darauf richten, was andere Menschen tun und wie sie Sie fühlen lassen. Mit anderen Worten: Ihre Emotionen hängen wahrscheinlich von deren Verhalten ab. Also fast so, als hätten sie eine magische Fernbedienung, mit der sie Ihre Emotionen steuern können.

Sie könnten sich dabei ertappen, wie Sie ständig auf andere Menschen reagieren, indem Sie Dinge sagen wie „Ich kann einfach nicht glauben, dass er das getan hat!", „Was um alles in der Welt ist sein Problem?" oder „Warum kann sie es nicht einfach verstehen?". Die Lösung besteht darin, die übermäßige Kontrolle loszulassen, den Menschen zu erlauben, unvernünftig zu sein, aber gleichzeitig damit zu beginnen, vernünftig und selbstbewusst auf ihre Unvernunft zu reagieren.

Unabhängig zu sein bedeutet nicht nur Selbstfürsorge, sondern auch die Bereitschaft, zu lernen, wie man sich bewegt und mit Herausforderungen umgeht, um zu versuchen, die eigenen Umstände zu verbessern. Anstatt sich damit zu beschäftigen, wie schlimm ein Problem oder eine Situation ist, können Sie sich darauf konzentrieren, wie Sie damit umgehen können oder wie Sie die Dinge aktiv verbessern können.

Die Erkenntnis, wie viel Macht Sie als Erwachsener vernünftigerweise ausüben können, ermöglicht es Ihnen, das veraltete Modell der kindlichen Hilflosigkeit allmählich durch eine hoffnungsvollere und engagiertere Lebenseinstellung zu ersetzen. Die neue Annahme ist, dass das Ergreifen effektiver Maßnahmen in der Regel möglich ist und viele negative Situationen in positive verwandeln kann.

Eine gute Möglichkeit, aktiv an die Erfüllung Ihrer Bedürfnisse heranzugehen, ist es, sich Ziele zu setzen. Wenn Sie zum Beispiel einen Gedanken haben wie „Ich werde nie Freunde finden", dann könnten Sie es sich zum Ziel machen, zu mehr gesellschaftlichen Veranstaltungen zu gehen. Wenn Sie dann denken „Niemand sagt Hallo zu mir", könnten Sie es sich zum Ziel machen, sich jedes Mal selbst mindestens zwei Personen vorzustellen.

Der Punkt ist, dass Sie sich nicht mehr zurücklehnen und sich darauf verlassen, dass andere Menschen die Dinge für Sie verbessern. Vielmehr sehen Sie es als Ihre Aufgabe an, vernünftige Maßnahmen zu ergreifen, um die Chancen auf eine Verbesserung Ihrer Umstände zu erhöhen. Auf diese Weise kann das Setzen von Zielen Ihnen helfen, eine aktivere und effektivere Herangehensweise an so ziemlich jedes Bedürfnis oder Problem zu wählen.

27. Kultivieren Sie einen gelassenen Sinn für Selbstrespekt.

Viele abhängige Menschen leben mit einem teilweise unbewussten Gefühl, im Grunde ihres Wesens fehlerhaft oder defekt zu sein. Sie vermuten, dass etwas nicht nur unvollkommen, sondern grundlegend falsch mit ihnen ist und sie sind auf andere Menschen angewiesen, die sie von dieser ziemlich drastischen und weit hergeholten Selbsteinschätzung befreien.

Dies kann zu einer zwanghaften Angewohnheit führen, zu versuchen, sich äußere Anerkennung zu sichern, indem sie sich als besonders oder würdig erweisen. Dies kann durch das Streben nach Selbstverbesserung, Anerkennung, Größe, Perfektion oder Überlegenheit in einem Bereich wie Arbeit, Fitness, Bildung, künstlerischen Fähigkeiten, persönlichem Charme, moralischem Image oder körperlicher Erscheinung geschehen.

Es kann auch zu einer erhöhten Empfindlichkeit gegenüber der kleinsten möglichen Andeutung von Ablehnung führen. Es ist so, als ob sie immer bereit sind, an ihrem grundlegenden menschlichen Wert zu zweifeln und sich selbst abzulehnen, es sei denn, jemand anderes gibt ihnen das Gefühl, bewundert und begehrt zu werden, weil der Kernverdacht, dass sie beschämend schrecklich sind, nie verschwindet.

Ein Teil der Lösung besteht darin, die Idee, irgendwie „fehlerhaft" zu sein, zurückzuweisen. Es ist völlig normal, dass jeder Mensch eine ganze Reihe von Mängeln hat und alle möglichen Fehler macht.

Wenn Sie zu Menschen aufschauen, die nicht gut für Sie sind, dann könnten Sie am Ende Ihre Selbstakzeptanz in deren Hände legen und ihnen die Autorität geben, wie ein oberster Richter zu handeln, der verbindlich entscheiden darf, ob Sie in Ordnung sind oder nicht. Es gibt keinen Grund, Ihre Selbstakzeptanz an irgendjemanden auszulagern, schon gar nicht an rücksichtslose Menschen.

Selbstrespekt muss nicht bedeuten, sich selbst zu bewundern. Es kann einfach bedeuten, Ihre Bedürfnisse und Gefühle als Person zu respektieren. Nicht einmal die schlimmste Beleidigung, Kritik, Ablehnung oder beschämende Erfahrung kann Sie davon abhalten, im Wesentlichen in Ordnung zu sein.

Alles, was Selbstwertgefühl bedeutet, ist zuzugeben und zu würdigen, dass Sie einige gute Seiten haben. Aber Sie müssen sich nicht auf Selbstwertgefühl verlassen, um nett, freundlich, fürsorglich oder menschlich zu sich selbst zu sein. Es reicht aus, sich einfach daran zu erinnern, dass Sie eine echte Person sind und dass es sich niemals lohnt, ein Problem mit sich selbst zu haben.

28. Vermeiden Sie es, jemanden zu idealisieren.

Je mehr wir idealisieren, desto tiefer sinken wir in den Treibsand des Begehrens. Je mehr wir uns vorstellen, dass irgendetwas perfekt ist, oder je mehr wir jemanden auf ein Podest stellen, desto mehr machen wir uns selbst abhängig und werden fast zwangsläufig enttäuscht. Was wie der Heilige Gral erscheint, kann sich leicht als ein vergifteter Kelch herausstellen.

Jemanden zu verehren, als wäre er eine Art „Retter" oder „Messias"-Figur, ist besonders gefährlich. Sich einzubilden, dass jemand eine übernatürliche Fähigkeit hat, die einen heilt, ist in Wirklichkeit eine Art, sich einzureden, dass es etwas gibt, ohne das man nicht leben kann und dass man sich nie gut fühlen oder sich unabhängig entwickeln könnte.

Es mag den Anschein erwecken, als sei es ein großes Kompliment, jemanden zu idealisieren, aber damit tun Sie weder sich selbst noch demjenigen einen Gefallen. Wenn Sie durch eine solche Selbsttäuschung in eine Abhängigkeit abgleiten, werden Sie sich in dem Moment, in dem die Person ihre Meinung über Ihre Anwesenheit ändert, wie ein Stalker fühlen. Sich für eine Weile auf ihre Fehler zu konzentrieren, kann helfen, eine solche übermäßige Anhänglichkeit auszugleichen.

Idealisierung ist eine Form der Flucht vor dem Leben und vor unserer eigenen Selbstentfaltung. Anstatt mit der Realität fertig zu werden, erschaffen wir eine Fantasie, in der wir uns verlieren können. Es ist leicht, nach einer Fantasie süchtig zu werden, aber sie ist unweigerlich enttäuschend. Jeder, den wir in unserer Fantasie verehren, kann in der Realität langweilig, nervig oder sogar ziemlich widerwärtig sein.

Ein klassisches Anzeichen dafür, dass Sie jemanden idealisiert haben, ist die Tendenz, Gegenbeweise zu ignorieren, die Ihrer Wunschvorstellung widersprechen, wie die Person sein könnte. Ihr wunderbarer Eindruck von ihnen kann weitgehend illusorisch sein und dann würden Sie am Ende sagen: „Ich habe mich in eine Vorstellung davon verliebt, wie sie sein könnte".

Eine weitere Gefahr einer solchen Besessenheit ist, dass Sie am Ende alles andere in Ihrem Leben abwerten und das Gefühl haben, dass die Dinge etwas schal oder sinnlos sind. Es lohnt sich, die Wichtigkeit verschiedener Dinge bewusst zu erhöhen, um nicht die Perspektive auf das zu verlieren, was Sie normalerweise schätzen würden, vor allem wenn es um Fortschritt geht.

Es kann schwierig werden, sich auf Dinge zu konzentrieren, die weitaus weniger aufregend sind als das, was unser Verstand uns eingeredet hat. Aber die Kunst, sich auf etwas weniger unmittelbar Befriedigendes zu konzentrieren und bereit zu sein, sich langsam und unvoreingenommen darauf einzulassen, kann als eine wichtige Lebensfertigkeit angesehen werden, die wesentlich ist, um jede Form von Sucht zu besiegen.

29. Überprüfen Sie Ihre Ausreden, jemanden zu idealisieren.

Ihr Verstand wird sich wahrscheinlich interessante Gründe einfallen lassen, warum eine Person gut zu Ihnen passen würde. Eine häufige Ausrede bezieht sich auf unsere einfache Art, verschiedene Dinge durch Ähnlichkeit oder Assoziation gleichzusetzen. Zum Beispiel könnte es etwas an der Person geben, das Sie an einen Ex-Partner oder jemand anderen erinnert, der einmal gut für Sie war.

Vielleicht haben sie denselben Vornamen oder dieselbe schrullige Eigenschaft wie jemand, den Sie früher kannten. Vielleicht passen sie in eine breite Kategorie, in die Sie zu viel Vertrauen gesetzt haben, wie zum Beispiel das gleiche Sternzeichen zu haben.

Grobe Kategorien sind nie genug, um Ihnen zu sagen, was Sie über eine Person wissen müssen. Und das Gleiche gilt für alles, was Sie vielleicht gemeinsam haben. Es ist toll, wenn Sie die gleiche Musik und die gleichen Filme mögen oder ähnliche Ansichten über Politik und Religion teilen, aber das bedeutet nicht automatisch, dass Sie einen tollen Freund oder Lebenspartner gefunden haben.

Ein noch größeres Risiko ist die Verallgemeinerung der guten Eigenschaften einer Person. Sie sagen sich vielleicht, dass sie so nett, so reizend, so gut usw. sind, nur weil sie bisher recht charmant waren. Das bedeutet aber nicht, dass sie sich niemals wie ein Rüpel verhalten könnten und so ist es oft eine gute Idee, sich mit einem Urteil zurückzuhalten.

Es ist genau dieses Gefühl von Charme, Romantik oder Schönheit, das uns zu weit hergeholten Schlussfolgerungen verleitet. Was wie ein schicksalhaftes Zusammentreffen erscheint, angetrieben von einer unwiderstehlichen Chemie und einer Ausrichtung der Planeten, könnte sich leicht als ein bedeutungsloses, zufälliges Ereignis ohne wirkliche Bedeutung oder Konsequenz herausstellen.

Wunschdenken kann nicht nur dazu führen, dass Sie eine andere Person idealisieren. Es kann auch dazu führen, dass Sie etwas, was diese Person tut, als klares Zeichen von Interesse an Ihnen fehlinterpretieren. Selbst wenn Sie sich normalerweise für einen Experten im Gedankenlesen halten, sollten Sie daran denken, dass romantisches Denken die beunruhigend naive Tendenz beinhaltet, die positive Seite zu sehen.

30. Seien Sie vorsichtig, was Sie anbeten.

Wenn man abhängig ist, besteht auch die Gefahr, dass man sowohl Dingen als auch Menschen zu viel Bedeutung und imaginären Wert beimisst. Mit „Dingen" meine ich nicht nur reale Ereignisse und physische Objekte, sondern auch Einstellungen, Prinzipien und Ideen. Wenn Sie irgendetwas zu viel Wert und Aufmerksamkeit schenken, könnte das zur Folge haben, dass Sie sich selbst nicht genug schenken.

Wenn wir nicht bereit sind, uns selbst zu lieben, dann müssen wir etwas anderes finden, das wir lieben können. Wenn im Inneren nicht viel Liebe vorhanden ist, schauen viele Menschen auf die Außenwelt und geben äußeren Dingen zu viel Bedeutung. Andere lassen sich von etwas hinreißen, das sie in ihrer inneren Welt entdecken, zum Beispiel von einem bestimmten Glauben oder einer Vorstellung.

Mit anderen Worten: Wir sind oft bereit, außergewöhnliches Potenzial, Schönheit, Bedeutung oder Wert in etwas anderem als uns selbst zu sehen. Die Gefahr ist, dass wir es übertreiben und anfangen, etwas anzubeten, was dann zu einem falschen Götzen wird. Das, was wir anbeten, mag in mancher Hinsicht gut sein, aber wir können unsere Wertschätzung trotzdem bis zu dem Punkt übertreiben, an dem wir uns ungesund fixieren.

Das erklärt, warum manche abhängige Menschen sich so intensiv mit Dingen beschäftigen, die andere Menschen vielleicht als trivial ansehen. Es liegt oft daran, dass sie bereit sind, alles, was gut für sie ist, als die Antwort auf all ihre Gebete zu sehen und nicht nur als etwas Nettes, das zu der allgemeinen Mischung von Dingen hinzugefügt werden kann, die zu ihrem Wohlbefinden beitragen.

Es mag auch erklären, warum manche Menschen sich so sehr über irgendwelche Prinzipien aufregen, die sie für wichtig halten. Natürlich ist es gut, an etwas zu glauben, aber wenn man bereit ist, wegen eines Themas völlig durchzudrehen, dann ist die Wahrscheinlichkeit groß, dass der Grad der Wichtigkeit, den man ihm zugemessen hat, teilweise ein Symptom des eigenen Leidens ist.

Die Überbewertung von Dingen ist eine verständliche Reaktion auf das Gefühl der Verzweiflung, das viele abhängige Menschen als Folge ihrer eigenen Selbstvernachlässigung empfinden. Wenn Sie das Gefühl haben, dass Ihr allgemeines Glücksniveau auf einer Skala von 1 bis 10 bei 3 liegt, dann mag alles, was Ihnen die Aussicht bietet, dieses auf eine 6 oder 7 zu erhöhen, wie ein Geschenk des Himmels erscheinen.

Aber es ist immer noch wichtig, darauf zu achten, was man anbetet und nicht nur wertschätzt. Etwas zu vergöttern, setzt Sie automatisch im Verhältnis dazu herab und macht Sie zu einer übereifrigen und unterwürfigen Person.

31. **Betrachten Sie das, was Sie idealisieren, als ein Zeichen dafür, was Sie für sich selbst tun könnten.**

Die Ideen, in die wir uns verlieben, sind immer noch nützlich, wenn man sie als Ausdruck unserer gültigen Bedürfnisse betrachtet. Abgesehen von allem anderen könnte es ein berechtigtes Bedürfnis sein, zu fantasieren. Schließlich kann das Erforschen Ihrer reichen Vorstellungskraft eine sehr gesunde Ablenkung von Frustration und Langeweile sein, solange Sie daran denken, das, was Sie sich vorstellen, niemals mit der Realität zu verwechseln.

Aber es ist auch möglich, in den Hinweisen, die die Idealisierung hervorruft, spezifischere Bedürfnisse zu erkennen. Zum Beispiel können Sie sich vorstellen, dass jemand Ihr inneres Kind anerkennt, sich mit ihm verbindet und es liebt. Das ist etwas, das Sie für sich selbst tun können, indem Sie Ihre eigene liebenswerte Unschuld zunehmend wahrnehmen und aufrichtig schätzen.

Es ist kein Zufall, wenn Menschen, die sich nicht richtig um sich selbst kümmern, darüber fantasieren, dass jemand anderes sich ihnen gegenüber wie ein „Betreuer" verhält. Viele von denen, die nicht genug Zeit damit verbringen, ihren eigenen Frustrationen, Gefühlen und Gedanken zuzuhören, fantasieren über jemanden, der ihnen all die dringend benötigte Aufmerksamkeit schenkt.

Die Fantasie, entweder von jemandem gerettet zu werden oder jemanden retten zu wollen, weist ebenfalls auf ein berechtigtes Grundbedürfnis hin. Vielleicht ist es an der Zeit, Ihr eigener Retter zu werden. Ein guter Weg, sich selbst zu retten, besteht darin, herauszufinden, was Sie realistischerweise tun könnten, um Ihre Situation zu verbessern und dann Schritte zu unternehmen, um dies in die Tat umzusetzen.

Schlusswort

Emotionale Abhängigkeit entwickelt sich auf eine schleichende Art und Weise. Das Leben stellt uns vor viele verschiedene Herausforderungen und wie wir uns selbst und unsere Fähigkeit, damit umzugehen, einschätzen, bestimmt in hohem Maße, wie wir diesen Herausforderungen begegnen. Wenn wir von Zweifeln an unserer Fähigkeit, Dinge erfolgreich zu bewältigen, geplagt werden, versuchen wir es vielleicht gar nicht erst und wenn wir uns nicht durchsetzen können oder zu schnell oder zu leicht das Handtuch werfen, verwehren wir uns die Chance auf gelegentliche Erfolge. So kann ein Teufelskreis entstehen: Jedes Mal, wenn wir einen Rückzieher machen, aufgeben oder nachgeben, verstärken wir nur die Vorstellung, dass wir unsere Ziele einfach nicht erreichen können. Dieses Denken beeinträchtigt unser ohnehin schon schlechtes Selbstbild nur noch mehr. Und genau so entwickelt sich emotionale Abhängigkeit. Ein gestörtes Gefühl der Selbstwirksamkeit und des Selbstwerts kann eine Person leicht dazu verleiten, Bestätigung, Anerkennung und Unterstützung von anderen zu suchen, die sie als stärker, fähiger und selbstbewusster ansehen. Allzu oft gehören Menschen mit diesen Eigenschaften zu den übermäßig unabhängigen Personen, die ich zuvor beschrieben habe. Auf diese Weise können Missbrauch und Ausbeutung in eine Beziehung gelangen.

Es ist möglich, unsere emotionale Abhängigkeit zu überwinden, wenn wir innehalten und einen harten, ehrlichen Blick auf die Traumata und die Geschichte werfen, die uns zu dem machen, der wir sind. Indem wir wieder in Kontakt mit unserem inneren Kind kommen und die Verletzungen der Vergangenheit heilen, können wir herausfinden, wer wir sind und ernsthafte Schritte in Richtung Zukunft machen.

Ich hoffe, dass ich Ihnen mit meinen Tipps helfen konnte, Ihre emotionale Abhängigkeit zu überwinden und auch Sie von nun an Schritt für Schritt den Weg in ein selbstbestimmtes und glückliches Leben gehen. Ich wünsche Ihnen viel Erfolg auf Ihrer Reise in die emotionale Unabhängigkeit!

https://amzn.to/3eEXWLW

Eifersucht bekämpfen

So gut wie jeder Mensch kämpft in seinem Leben zumindest hin und wieder mit eifersüchtigem Verhalten. Das ist unvermeidlich. Es ist jedoch wichtig, diese Situationen zu erkennen, die Gefühle zu bestimmen und nicht zuzulassen, dass sie unser Verhalten und unser Lebensgefühl in irgendeiner Art und Weise negativ beeinträchtigen.

In ihrer grundlegenden Bedeutung ist Eifersucht eine Emotion, die sich auf Gefühle und Gedanken der Unsicherheit, Besorgnis, Verbitterung, Wut oder Angst über etwas von persönlichem Wert bezieht. Sie wird oft mit Neid in Verbindung gebracht und austauschbar mit diesem verwendet. Obwohl diese beiden Begriffe in gewisser Weise synonym sind, haben sie doch eine leicht unterschiedliche Bedeutung.

Krankhafte Eifersucht ist überwiegend negativ und regressiv. Sie kann gefährlich sein, besonders für diejenigen, die sich nicht selbst kontrollieren können. Eine hochgradig eifersüchtige Person richtet ihren bösen Willen typischerweise auf eine dritte Person, von der sie annimmt, dass sie die Zuneigung oder Anerkennung erhält, die sie für sich selbst haben möchte.

Es ist eine negative Energie, die in einer Nullsummenspiel-Mentalität mehr wegnimmt, als sie beiträgt. Gerade in der heutigen Welt mit etlichen Social-Media-Möglichkeiten auf dem Handy verlieren immer mehr Menschen das Vertrauen in ihren Partner. Nicht nur Beziehungen und Freundschaften können aufgrund von eifersüchtigem Verhalten kaputt gehen, sondern auch die betroffene Person, die unter dieser Eifersucht leidet, kann sich damit auf Dauer selbst zermürben.

In diesem Buch lernen Sie ...

- ... die Merkmale der Eifersucht bei sich selbst und bei anderen kennen!
- ... was man unter Co-Abhängigkeit versteht und wie Sie dieser entgegenwirken können!
- ... welche typischen Bindungsstile es gibt und wie diese Ihre Beziehung beeinflussen!
- ... wertvolle Kommunikationstipps zur Verbesserung Ihrer Beziehung kennen!
- ... wie Sie effektiv Ihr Selbstbewusstsein stärken, um Ihre Partnerschaft gelassener anzugehen!
- ... durch Positives Denken und Emotionale Intelligenz Ihrem Partner mehr Vertrauen entgegenzubringen!
- ... wie Sie erfolgreich Wutbewältigung betreiben können!
- ... welche Techniken zur Konfliktlösung Sie in Ihrer Beziehung anwenden können!

https://amzn.to/3rOD08W

Narzissmus in Beziehungen

Narzissmus verstehen – Die Auswirkungen narzisstischen Missbrauchs

Am Anfang einer jeden Beziehung schweben wir vor Euphorie. Die Gefühle für den neuen Partner sind so überwältigend, dass wir unfähig sind, zu erkennen, zu welch toxischem Verhalten dieser in der Lage ist. Erst nach einiger Zeit wird uns klar, wie sehr wir vom neuen Partner abhängig geworden sind und wie viel Leiden und wie viel Positivität er aus uns gelaugt hat.
Durch Psychospiele und Anschuldigungen gelingt es ihm, unser Selbstwertgefühl so drastisch zu verletzen, dass wir den Boden unter den Füßen verlieren und uns von ihm abhängig machen. Die vielen Hinweise von unseren Freunden und Familienmitgliedern missachten wir, da wir gar nicht begreifen, dass wir in einer toxischen Beziehung gefangen gehalten werden. Selbst bei regelmäßiger körperlicher Gewalt entschließen wir uns immer wieder, unserem Partner zu verzeihen?

Kommt Ihnen das bekannt vor?

Umgang mit Narzissten – Sich selbst befreien

Narzissmus in Beziehungen führt auf Dauer zweifelsfrei zu großem Leid. Wenn Sie Opfer narzisstischen Missbrauchs sind, dann sollten Sie Schritt für Schritt damit beginnen, sich aus dieser Falle zu befreien und die emotionale Abhängigkeit zu lösen. Lassen Sie sich nicht Ihre Energie aussaugen, sondern holen Sie sich Ihr Leben zurück! Dieser Ratgeber bietet Ihnen wertvolle Hilfestellungen, wie Sie sich aus den Fängen einer toxischen Beziehung befreien und endlich wieder ein selbstbestimmtes und glückliches Leben führen. Narzissmus ist eine Persönlichkeitsstörung, die dem Betroffenen meist gar nicht bewusst ist. Der Betroffene merkt dabei gar nicht, dass er unter dieser Störung leidet. Gleichzeitig sorgt er jedoch mit seinem Verhalten dafür, dass die Menschen um ihn herum psychischen Schaden erleiden. Sie können einen Narzissten nur schwer ändern, aber Sie können beeinflussen, wie sehr Sie sich von seinem Verhalten manipulieren lassen. Mit den Anleitungen und Tipps in diesem Narzissmus Buch wird es Ihnen gelingen, sich wieder auf sich selbst zu besinnen und den Weg in eine erfreuliche Zukunft zu beschreiten.

Was dieser Narzissmus Ratgeber für Sie beinhaltet:

Lernen Sie ...

- ... wie Sie narzisstischen Missbrauch in Ihrer Beziehung erkennen und vermeiden!
- ... wie Sie erfolgreich mit Narzissten kommunizieren können!
- ... welche verschiedenen Arten von Narzissten es gibt!
- ... wie Sie sich in Zukunft vor toxischen Narzissten schützen können!
- ... welche negativen Auswirkungen narzisstischer Missbrauch haben kann!
- ... wie Sie sich in Zukunft wieder auf neue Verabredungen und Partner einlassen können!

https://amzn.to/30PMNQ1

Trennung überwinden

Trennungen und Liebeskummer betreffen uns alle, egal ob jung oder alt.

Das Ende einer Beziehung schafft einen Trauerprozess, der unseren Alltag in schlimmen Fällen über einen längeren Zeitraum zu einer regelrechten Qual werden lässt. Der Akt des Beendens einer Beziehung kann uns ein Gefühl von Depression, Wertlosigkeit, Einsamkeit und allgemeinem Elend bescheren.

Kommt Ihnen das bekannt vor?

Viele Ihrer Freunde sagen Ihnen vielleicht, dass es doch sehr einfach wäre, über eine Trennung hinwegzukommen mit Ratschlägen wie: „Alles, was tu tun brauchst, ist, rauszugehen und jemand Neuen kennenzulernen!".

Leichter gesagt als getan, oder?

In diesem Buch gebe ich Ihnen die richtigen Ratschläge mit an die Hand, um sich nach Ihrer Trennung selbst zu heilen und stärker denn je daraus hervorzugehen. Es ist ein allumfassender Leitfaden zur Trennung, damit Sie endlich loslassen können und Glück in sich selbst und in Zukunft auch mit dem richtigen Partner finden.

Haftungsausschluss

Die Umsetzung aller enthaltenen Informationen, Anleitungen und Strategien dieses Buches erfolgt auf eigenes Risiko. Für etwaige Schäden jeglicher Art kann der Autor aus keinem Rechtsgrund eine Haftung übernehmen. Für Schäden materieller oder ideeller Art, die durch die Nutzung oder Nichtnutzung der Informationen bzw. durch die Nutzung fehlerhafter und/oder unvollständiger Informationen verursacht wurden, sind Haftungsansprüche gegen den Autor grundsätzlich ausgeschlossen. Ausgeschlossen sind daher auch jegliche Rechts- und Schadensersatzansprüche. Dieses Werk wurde mit größter Sorgfalt nach bestem Wissen und Gewissen erarbeitet und niedergeschrieben. Für die Aktualität, Vollständigkeit und Qualität der Informationen übernimmt der Autor jedoch keinerlei Gewähr. Auch können Druckfehler und Falschinformationen nicht vollständig ausgeschlossen werden. Für fehlerhafte Angaben vom Autor kann keine juristische Verantwortung sowie Haftung in irgendeiner Form übernommen werden.

Urheberrecht

Impressum

Fiona Glock wird vertreten durch:

Joel Ludwig
Tegelbusch 23
26180 Rastede
lifewiss@gmail.com

Printed in Poland
by Amazon Fulfillment
Poland Sp. z o.o., Wrocław

92195085R10060